U0926007

本书受中华人民共和国教育部人文社科基金项目
“公民社会保险权利行政司法救济机制研究”资助（12YJC820053）

A Study on Remedy of Citizen's Social Security Rights

公民社会保险权利司法保障研究

李　磊／著

中国政法大学出版社

2017・北京

图书在版编目（CIP）数据

公民社会保险权利司法保障研究/李磊著. —北京：中国政法大学出版社，2017.8

ISBN 978-7-5620-7716-9

Ⅰ. ①公…　Ⅱ. ①李…　Ⅲ. ①社会保险法—研究—中国　Ⅳ. ①D922.554

中国版本图书馆CIP数据核字(2017)第209374号

出版者	中国政法大学出版社
地　址	北京市海淀区西土城路25号
邮寄地址	北京100088信箱8034分箱　邮编100088
网　址	http://www.cuplpress.com（网络实名：中国政法大学出版社）
电　话	010-58908289(编辑部)　58908334(邮购部)
承　印	固安华明印业有限公司
开　本	880mm×1230mm　1/32
印　张	6.25
字　数	135千字
版　次	2017年8月第1版
印　次	2017年8月第1次印刷
定　价	32.00元

与司法永恒相伴的就是对权利的救济。

——拉德布鲁赫

目 录

CONTENTS

绪 论

一、研究背景和意义

公民的社会保险权利是公民的基本权利之一，这一点已经由宪法加以确认。[1] 宪法上的基本权利需要具体的部门法加以落实，最终要化为每一个公民现实的权利享受和义务承担。在社会保险法律关系中，公民的权利主要是从社会保险经办机构中获得社会保险待遇，主要表现为各类社会保险金，其义务主要是按照有关规定按时足额缴纳社会保险费。

这一关系从经济学角度来看是一种“二次分配”。以养老保险为例，政府通过“有形的手”，将强制归集的社会保险费建立成养老保险基金，再从这个基金中将社会保险待遇以货币的方式发放给符合条件的待遇申领人，从而实现从缴费义务到待遇享受的过程。这一过程同时又是一种“代际补偿”。年轻的一代（正在工作的一代）履行法律科以的缴费义务，他们

---

〔1〕《宪法》第45条第1款规定：“中华人民共和国公民在年老、疾病或者丧失劳动能力的情况下，有从国家和社会获得物质帮助的权利。国家发展为公民享受这些权利所需要的社会保险、社会救济和医疗卫生事业。”

的缴费正在支付已经退出工作舞台的老一代的养老金。待年轻一代老去，则由更新的一代缴费予以赡养。

可以看出，政府在这一过程中扮演了极其重要的角色，既负责征缴社会保险基金，又负责发放社会保险待遇。[1] 因此，法律实务界普遍认为社会保险费的征缴和社会保险待遇的提供是一种公权力行为，即行政行为。前者是行政征缴行为，后者则是行政给付行为。这一理解虽然符合行政法理论，但是却可能失之偏颇。无论是从宪法还是社会法的角度，享受社会保险都是公民的基本权利之一。对此我国宪法也做了明确的规定。就该意义而言，中国公民有权要求国家（政府）给予其相应的社会保险待遇。如果公民认为其未能获得相应的社会保险待遇，就可以依法要求法律救济（含行政复查[2]、行政复议、行政诉讼、行政监察、行政裁决），其主要针对的是政府相关部门。其行为可能造成公民社会保险权利受损的情形主要发生在社会保险待遇提供环节，即申领人认为政府在依申请发放社会保险待遇时未能按时足额发放相关待遇，造成申领人权利或利益受损。在前述法律救济方式中，行政诉讼作为司法救济措施，相对于行政复议和行政复查而言更具有终局性、权威性和中立性，故而民众接受度较高。本书以某市（简称“H 市”）在一段时期中的社会保险行政诉讼数据为样本，对该市社会保险行政诉讼情况进行详细的分析，在此基础上对该市公民社会保险司法救济现状和原因做一探讨和研究。选择 H 市的数据

---

〔1〕 当然，也有国家采用商业保险模式，如美国。

〔2〕 行政复查是我国社会保险领域的一种行政救济方式，其法律依据是《社会保险行政争议处理办法》第 6 条。

作为样本，是基于以下几个原因：

第一，H 市作为一个大型城市，在其全部行政区划范围内实施统一的社会保险政策，人民法院适用同样的法律制度作为审理依据。这与一些省份在省内划分不同的统筹区域，导致社会保险政策不统一的做法不同，有利于在同一参照系下分析问题。

第二，H 市社会保险制度改革起步较早，几乎是全国最早启动社会保险改革（养老保险）的地方。经过十几年的发展，其政策相对健全，稳定性较高。相对于仍处于政策变动中的地方而言，其司法审查结果的数据更有说服力，更能反映出在一个相对稳定的法治环境下公民社会保险权利保障的现状。

第三，H 市的社会保险行政诉讼实施了较长时间，法官积累了较多的经验。这在很大程度上能够避免司法不作为和司法乱作为的发生。毕竟社会保险制度在我国发展的时间不长，政策法规仍有不健全之处，司法审查的“度”较难把握。较长时间的经验积累是准确拿捏这个“度”的重要前提。

第四，H 市的市场经济发展水平和法治建设水平走在全国前列。在一个相对市场化、法治化的制度环境下讨论公民权利的保障问题，能更加深入和纯粹地讨论法律问题，从而排除一些非法律因素的干扰。

本课题从行政诉讼入手讨论问题，研究的内容必然包含对现行法律规范的研究。这里的规范首先包括《社会保险法》、《行政诉讼法》等位阶较高的法律规范，亦包括相关司法解释、会议纪要和大量行政规定。《社会保险法》于 2010 年出台，是我国第一部以全国人大（常委会）立法的形式专门规定公民社会保险权利的法律。出台之前，理论与实务界均抱有较大期待。但时至今日，其作用与意义仍需认真评估。我国《行政诉讼法》于1989年制定并出台，于1990年10月1日开始实施。该法对于我国公民权利的保障起到了无可比拟的重要作用，不啻为中国法治建设的一座里程碑。但囿于时代，该法的局限性愈加显现。现实中，不少法院已经突破了该法的某些限制。全国人大于2014年底通过了对《行政诉讼法》的大修。此次大修被媒体乐观解读为“民告官迈入2.0时代”。[1]然而究竟效果如何，需要实践来检验。本课题也将结合《行政诉讼法》的修订，从规范角度分析其对我国公民社会保险权利保障的影响，并提出相应的建议。

对制度规范的研究不能忽略大量位阶相对较低的行政规范，即中央和各级地方政府及其所属部门除法律、行政法规和规章之外的行政部门立法，其内涵与朱芒教授所谈的行政规定一致，又称为抽象行政行为。[2]这些行政规定虽然位阶相对较低，但却在行政执法中具有举足轻重的作用，这种现象在社会保险领域尤甚，行政规定已经成为各级各类社会保险行政执法机构主要的执法依据。究其原因，应为该领域上位法的“结构性缺失”。[3]行政机关迫切需要高位阶执法依据，而高位阶法律法规的出台需要经过立项、调研、讨论、听证、审

---

〔1〕 http://news.gmw.cn/2014-11/06/content_13773534.htm，最后访问日期：2015年5月20日。

〔2〕 朱芒：“论行政规定的性质——从行政规范体系角度的定位”，载《中国法学》2003年第1期。

〔3〕 所谓“结构性缺失”是指在社会保险领域缺乏具有统领性，相对内容又比较丰富，能够成为行政部门执法依据和法院审判依据的高位阶立法。

议、表决等繁冗复杂的程序。因此，制定程序简单、形式灵活多样的行政规定就成为各级人民政府进行社会治理的主要手段和措施。这种现象的产生，与我国处于从计划经济向市场经济的转型期，不断拓宽的行政领域急需各种规则予以调整，而立法相对滞后有关；同时又与我国的公权力配置体系中行政权力相对较大，且有不断膨胀扩张之势有关。正因如此，行政规定也成为研究社会保险制度无法忽略的对象。本研究对社会保险行政规定的研究将聚焦于历史背景、法律效力、对案件的影响以及合法性与合理性评价，并提出完善建议。

二、研究方法与思路

本课题以实证研究为发端，归纳我国公民社会保险司法保障的问题，继而进行规范分析。实证研究部分主要选取 2007~2016 年 H 市的社会保险行政诉讼数据为样本，以案由和判决结果为主要观察对象，对社会保险行政诉讼的总量、主要争议焦点、诉讼处理结果等进行分类统计，并对相关联的几组参数进行分析，以期得出一些规律性与趋势性的结论。此外，实证研究部分也将引入典型案例，采取“解剖麻雀”的方法对其进行剖析，以实现“管中窥豹”。

规范研究部分主要针对新旧《行政诉讼法》的相关条文以及相关司法解释和会议纪要的内容进行分析。虽然新《行政诉讼法》已经出台，但根据中国的司法实践，新法“落地”（真正发挥作用）尚需一定时日。且新法实施后可能产生的诸如新旧法律衔接等问题尚需最高人民法院或省级地方高院出台具体操作口径。因此，本研究在讨论新《行政诉讼法》时，不可避免地会涉及旧法（法律、法规、规章和司法解释）的讨论分析。规范研究还将结合比较研究方法，对域外的经验加以介绍、分析和借鉴，以期达到“他山之石”之功用。

本研究的总体思路是：从案件数据统计和分析入手，寻找现实司法实践中影响参保人救济其合法社会保险权利的主要症结。从立法和司法两个层面对现行社会保险法律制度和与之相关的行政诉讼制度进行分析，并结合我国社会保险发展历程，找出我国社会保险中特有的问题与症结加以分析和讨论。最后结合域外的经验，从立法和司法两个层面对我国公民社会保险权利司法救济中反映出来的问题提出有针对性的解决方案。在余论部分，本研究还对当下热门的“共享经济”下的社会保险权利保障问题进行了关注，初步阐述了自己的观点，也为进一步研究埋下伏笔。以下是本书的主要章节安排：

第一章，现状与困境：基于数据的分析。该章以实证研究为主，通过对 2007~2016 年 H 市的行政诉讼相关数据的统计和分析，找出当前我国公民社会保险权利司法保障的困境与挑战，为后续的原因分析打下基础。

第二章，对现状与困境的解释之一：立法层面。本章承接上一章对于 H 市社会保险行政诉讼案件数据的统计和分析结果，继续关注 H 市的社会保险地方立法，并对其进行系统的分析，从而找出立法与司法保障之间的关系，继而从立法层面探寻我国公民社会保险权利司法保障困境之原因。本章着重从现行法律法规和规章，特别是行政规定的具体条文入手，以法治原理下基本的立法原则为衡量标准，对相关制度进行评价与分析。在进行规范分析的同时，亦关注立法背景、法律环境等因素。力求通过全面、准确的分析，找到影响公民保障自身社会保险权利的原因。

第三章，对现状与困境的解释之二：司法层面。本章从行政诉讼法及相关司法解释入手，剖析我国司法机关对社会保险行政案件进行司法审查的范围与强度，尤其关注社会保险领域法律适用中的若干特殊问题："历史遗留"问题、"民行交叉"问题、"群体性争议"问题、"转化型争议"问题以及法院如何进行利益衡量，又如何满足依法审判基本要求的问题，等等。希望以此发现公民在寻求司法救济过程中维护其合法社会保险权利困难的原因，司法机关的真实意图以及面临的难点。

第四章，困境的消解之一：地方立法权的充分利用。本章以前两章为基础，以切实保障公民社会保险权利为依归，提出以充分利用地方立法权为基本策略消解困境的方案，从立法论角度阐述地方立法权在保障公民社会保险权利方面的重要作用，并提出可以加以利用的立法空间及具体的立法内容。

第五章，困境的消解之二：社会保险司法审查机制的完善。本章从司法与行政的关系入手，在阐明司法审查基本立场的前提下，提出从合理性审查、协调和解以及司法建议等三个方面加以强化，采取一定的创新手段，努力实现对当事人社会保险权利的保障。

余论，共享经济与公民社会保险权利保障。本章主要论及共享经济发展过程中各方对于社会保险权利的忽略以及由此可能产生的问题，并在分析这一问题的原因后，提出解决问题的基本思路和方法。

第一章

现状与困境：基于数据的分析

第一节　数据统计与初步分析

公民社会保险权利的司法救济主要是指通过法院司法程序来救济自己的社会保险权利。本课题研究搜集了 H 市 2007~2016 年社会保险行政诉讼相关数据。为了分析方便起见，本研究将相关数据以表和图的形式呈现。

一、对 2007~2016 年 H 市社会保险行政诉讼一审情况的统计与初步分析

（一）相关数据统计

2007~2016 年 H 市社会保险行政诉讼一审情况统计见表 1、表 2。

表 1　H 市 2007~2016 年社会保险一审行政诉讼总量统计表

年　份	一审案件数（件）	案　　由					申请人数（人）
		参保审核（件）	账户信息调整（件）	社保待遇核发调整（件）	履行法定职责（件）	其他（件）	
2007	44	1	10	22	6	5	44
2008	30	0	9	16	0	5	30
2009	26	0	13	10	1	2	26
2010	28	0	10	11	7	0	28
2011	43	9	12	10	11	1	43
2012	42	2	19	12	3	5	42
2013	36	1	11	23	0	1	36
2014	70	1	30	26	11	2	70
2015	137	0	30	43	61	3	137
2016	102	0	31	45	26	0	102
平均数	55. 8	1. 4	17. 5	21. 8	12. 6	2. 4	55. 8

表 2　H 市 2007~2016 年社会保险一审行政诉讼结果统计表

年　份	一审结案数（件）[1]	其　　中				
		维持（件）	撤销（件）	变更（件）	撤诉（件）	驳回诉讼请求（件）
2007	46	21	1	0	13	11

〔1〕 此处结案数可能超过表 1 中的一审案件数，原因在于，结案数是当年全部结案量，可能包括上一年未结案，转入本年度结案的案件。

续表

年　份	一审结案数（件）[1]	其　中				
		维持（件）	撤销（件）	变更（件）	撤诉（件）	驳回诉讼请求（件）
2008	23	4	2	0	4	13
2009	27	15	2	0	3	8
2010	28	12	2	0	4	8
2011	43	32	1	0	9	1
2012	41	27	0	0	7	7
2013	36	19	1	0	12	4
2014	70	51	0	0	18	1
2015	114	59	0	0	52	3
2016	102	64	0	0	36	2
平均数	53.0	30.4	0.9	0	18.5	5.8

（二）对以上数据的初步分析

从表1看，我们可以发现以下几点：

（1）从一审诉讼总量看，每年数量并不算大，10年共计558件案件，平均每年为55.8件案件。如果分散到每个月，基本平均每月4.65个案件。而H市社会保险每月的操作[2]

〔1〕此处结案数可能超过表1中的一审案件数，原因在于，结案数是当年全部结案量，可能包括上一年未结案，转入本年度结案的案件。

〔2〕所谓“操作”系社保系统对于其做出的具有对外效力的行政行为的统称，比如某人从失业人员变成了企业就业人员，相应的社会保险系统就要做出一次“操作”，即将其在社会保险数据库内状态由“失业”变更为“企业参保”。理论上说，每一次“操作”都是可诉的。

量极大，以 2010 年为例，每月基本上为 50 万次。[1] 以此（2010 年）推算，H 市社会保险的纠纷发生率仅为 0.00093%，属于“极低”的。

（2）从诉讼总量的年度分布看，总体呈波浪形分布。诉讼总量从 2007~2010 年呈逐年下降趋势（据了解，2007 年案件数量较大，是由于发生了一起超过 10 人的群体性案件所致），但从 2011 年起突然大幅度回升，2010~2011 年一审诉讼案件增长率为 53.6%。众所周知，2010 年 10 月 28 日国家通过并公布了《社会保险法》。而从 2014 年起，总体数量成倍上升，至 2015 年超过 100 起，2016 年比 2015 年又有一定数量的减少。

从表 2 看，可以发现以下几点：

（1）“维持”判决的比例较高，占比为 57.4%。其中 2011 年的“维持”判决比例最高。

（2）“撤销”判决比例很低，其中 2012 年为 0。2008 年、2009 年、2010 年 3 年的撤销数量最高，但也仅有 2 件。

（3）“变更”判决数 10 年统计均为 0，说明法院一般不愿意直接变更行政机关的具体行政行为。

（4）“撤诉”比例较高，10 年平均为 18.5 件，占比为 34.9%。尤其是在 2015 年，这一比例高达 45.6%，需要说明的是，所谓“撤诉”，从法律上看是指原告自行撤回起诉。但在现实中，导致原告撤回起诉的原因绝大部分是被告承认自己的瑕疵（或在法院的协调下同意和解），并且愿意按照原告的

---

〔1〕 随着社会保险业务种类增多，参保单位和人数增加，每月变更量急剧上升，至 2013 年已经达到每月 132 万。

意愿修正自己的具体行政行为。因此，这一比例基本上可以归入被告败诉类型中（这一点在后续的分析中还将进一步探讨）。

（5）“驳回诉讼请求”判决比例不高，10 年平均为 5.8 件，占比为 10.9%。考虑到在我国行政诉讼法中，这也意味着原告败诉。因此，在计算被告胜诉率时，可以将该类型判决数据一并纳入。

二、对 2007~2016 年 H 市社会保险行政诉讼上诉情况的数据统计与初步分析

（一）相关数据统计

2007~2016 年 H 市社会保险诉讼上诉情况见表 3。

表 3　2007~2016 年上诉率一览表（一）

年　份	一审案件数（件）	二审案件数（件）	上诉率（%）
2007	44	20	45.5
2008	30	15	50.0
2009	26	12	46.1
2010	28	12	42.9
2011	43	14	32.6
2012	42	18	42.9
2013	36	18	50.0
2014	70	31	44.3
2015	137	59	43.0
2016	102	73	71.6
平均数	55.8	27.2	48.7

（二）对以上数据的初步分析

（1）从整体上诉率看，基本呈逐年上升趋势，后 5 年明显超过前 5 年。10 年平均上诉率为 48.7%。

（2）从上诉案件的数量的年度分布看，2013 年之前每年都在 20 件以内，有些年份只有 12 件，但 2014 年后则大幅度上升，2016 年甚至达到了 73 件。

（3）从上诉率的年度分布看，除了 2016 年特别高外，其他 9 年基本维持在 50%以内，2015 年则略有突破。

第二节　对数据的进一步分析

通过对上述数据的进一步观察、比对，我们可以发现以下一些特点：

第一，从表 1 中按案由分类的数据看，“社保待遇核发调整”案件最多，10 年年均 21.8 件。其次是“账户信息调整”案件，10 年年均 17.5 件。这两个案由的案件共占全部案件的 70.4%，说明这两类社保事务最易引起纠纷。而相对比较少的是“参保审核”类案件，仅占比 2.5%。推测其原因，“社保待遇核发调整”和“账户信息调整”两类社会保险事务是与参保人社会保险待遇关系最密切的事务，其中前者直接和待遇关联，而后者则由于个人账户信息大多是计算养老待遇的参数，比如 1992 年底前的连续工龄[1]、个人账户储存额等，因

---

〔1〕H 市于 1993 年 1 月 1 日起开始实施养老保险制度改革。对于 1992 年 12 月 31 日前的连续工龄，视作缴费年限，直接作为计算养老金的参数。此处的“连续工龄”指劳动者在各个单位正式工作的工龄累计之和。

此往往由于参保人认为相关数据有误，或者认为相关数据被社保机构不当调整而提起诉讼。这说明参保人诉讼目的大部分是为了调整养老保险待遇。另外，还有一类案由值得关注——履行法定职责。此类案由虽然看起来与社会保险待遇无关，但往往是其他三类案件的转化形式。因为在现实中，社会保险行政行为大多是依申请行为，即当事人往往采取申报某一事项的方式要求行政部门为一定的行为，但如果行政部门认为其申请不符合条件，则可能做出“不予办理”的结论。此时当事人会以“要求履行法定职责”为由要求法院救济。[1]

第二，从判决结果来看，如果把原告撤诉案件全部归入被告败诉的范围，[2] 10年内被告一审败诉案件平均每年为19.4件，被告在10年内平均“纠错率”为36.6%。应该说这一数字并不算很高，但亦不算低。如果去掉原告撤诉案件，仅以撤销和变更作为计算被告败诉率的依据，则被告败诉率仅为1.7%。上述数据的巨大差异反映了两点：一是在面对某些败诉概率相对较高的案件时，被告更多地倾向于通过调整自身行政行为来换取原告的谅解并撤诉，从而避免“败诉”的结果，而不希望等法院判决败诉后，再在执行阶段予以调整。这从一个侧面说明，H市的社会保险行政机关面对行政诉讼的败诉，采取的是较为务实的态度，从而避免具体行政行为被“撤销”或“确认违法”的尴尬。二是之所以能够有相当比例的案件

---

〔1〕 按照行政诉讼法及其理论，此种情形应不属于“履行法定职责”范畴，但现实中法院有可能受理。

〔2〕 这一指标在某些地方又被称为“纠错率”。参见H市政府法制办公室编：《H市依法行政状况白皮书》(2010~2014)，上海人民出版社2015年版，第25页。

以原告撤诉结案，法院的作用不可忽视。这种作用主要体现在法院依靠自身地位与权威，对原被告（尤其是被告）进行压服或者劝服。如果将“纠错率”作为统计指标，以2010~2014年的数据为例，根据H市人民政府法制办公室编写的《H市依法行政状况白皮书》（2010~2014）[1]，2010~2014年度H市行政诉讼纠错率总体在4.2%~7.1%之间，远低于社会保险类行政案件的纠错率。具体见下图：[2]

表4　2010~2014年H市行政诉讼案件纠错情况

年　份	行政诉讼案件审结数（件）	败诉或行政机关纠错后原告撤诉的案件数（件）	纠错率（%）
2010	1844	131	7.1
2011	1827	125	6.8
2012	2128	90	4.2
2013	2692	113	4.2
2014	2461	130	5.3
合计	10 952	589	5.4

第三，上一节中，我们对10年内H市社会保险行政争议的整体上诉率做了一个简单的统计，如果进一步研究会发现，原告只会对自身败诉的案件上诉，也即对“维持”和“驳回诉讼请求”的一审判决进行上诉。按照这一统计结果，2007~

〔1〕此处虽然统计年份与上文有一定出入，但仍能进行一些对比，并从中读出相关信息。

〔2〕该表引自H市政府法制办公室编：《H市依法行政状况白皮书》（2010~2014），上海人民出版社2015年版，第25页。

2016年的“实际”上诉率见下表：

表5　2007~2016年上诉率一览表（二）

年　份	可上诉案件数（件）	二审案件数（件）	“实际”上诉率（%）
2007	32	20	62.5
2008	17	15	88.2
2009	23	12	52.2
2010	20	12	60.0
2011	33	14	42.4
2012	34	18	52.9
2013	31	18	58.1
2014	69	31	44.9
2015	111	59	53.2
2016	100	73	73.0
平均数	47.0	27.2	57.9

从上述数据看，上诉率其实比较高，10年平均值为57.9%。其中，除了2011年和2014年上诉率低于50%以外，其他均高于50%，2008年甚至高达88.2%。另据作者了解，这10年中所有上诉均来自原告，被告从未上诉。以上数据和信息似可说明以下三点：一是面对切身利益的受损，大多数原告具有较强烈的权利意识，会穷尽一切救济手段去保护自己的权利；二是从侧面反映出人民法院的一审判决对原告而言威信相对较弱，服判率较低；三是作为被告的行政机关往往对法院的判决比较配合，能够做到服判息讼。

第四，2014 年后 H 市的社会保险行政案件数量大幅度增加，经了解发现其原因在于：首先，工伤保险争议增加。工伤保险待遇核发调整在这几年中有较大幅度增加。其次，在 2015 年有一起超过 20 人的群体性诉讼，而且出现了多次诉讼。这两个原因导致了这两年的争议数量较 2013 年有大幅度增加。

对数据的分析结果进行总结可以得出以下结论：

（1）H 市社会保险行政案件总体处于平稳可控状态，诉讼率低。这主要与当地社会保险行政水平较高有关。发生争议的案件主要集中在某几个环节中，而非所有环节平均分布。而且该市参保人起诉意愿不高，尤其是用人单位，几乎没有起诉。

（2）2014 年后社会保险行政诉讼案件数量有较大幅度上升，如果剔除群体诉讼因素，工伤保险待遇案件成为仅次于养老保险案件的第二大类案件。〔1〕

（3）H 市公民败诉后，提起上诉意愿较高。说明一审并未实现“案结事了”，考虑到二审的维持率也较高，因此二审能够实现“案结事了”的可能性亦不大。

（4）H 市法院的工作相对全市其他案件相比较为有力，这一点主要通过“纠错率”指标反映出来。“纠错率”较高一方面是被告明了大义，依法行政的结果，也是法院较为坚持法治原则的结果。

〔1〕 需要指出的是，H 市医疗保险实务由单列的医疗保险经办部门管理与操作，医疗保险经办部门单独处理医疗保险实务和争议，不隶属于社会保险经办机构。

第三节 面临的困境与问题的初步梳理

从前文的统计与分析中，我们可以归纳出本研究的样本城市——H 市的社会保险诉讼目前面临的困境及反映的问题。

一、面临的困境

1. 诉讼量总体比例不高，但绝对数量较高。从统计数量看，H 市的社会保险诉讼比例并不高，但由于基数太大，导致实际案件数量并不小。目前全国各地社会保险管理机构内从事法律工作的专职人员均十分有限，平均每人承担的诉讼案件数量相对较多,〔1〕因此往往只能做一些简单的应对，难有时间对诉讼案件进行系统的梳理和分析总结。如此更难以对整个社会保险经办机构的后续依法行政工作起到指导作用。而类似错误的重复出现亦导致诉讼频发。

2. 被告胜诉率较高，原告服判率较低，较难实现案结事了。被告胜诉率高与原告的上诉率高在数据上形成尴尬的“双峰”。可以想见的是，即使二审原告败诉，亦难以实现“案结事了”。这就意味着即使终审判决生效，原告亦可能通过信访甚至闹访的方式进行“维权”。如此容易形成群体性事件，甚至社会不稳定因素。

---

〔1〕 这部分工作人员除了应对行政诉讼外，还要处理行政复议、复查、执法监督等案件，总量较大。

3.“撤诉”率较高，但难掩被诉具体行政行为违法的尴尬。前文已析，“撤诉”案件一般隐含的意思大多为被告承认自己的具体行政行为有错，愿意调整自身具体行政行为，以满足原告的要求，故原告愿意撤诉。从数据看，撤诉案件数量远远高于被法院“撤销”的案件数量。这一做法显然既满足了原告的要求，又保全了被告的面子，但却难以对被告的违法行政起到警示作用。而且如果在数量统计上不将“撤诉”类案件统计进败诉案件，更容易造成数据统计的不真实。

4.法院做了大量工作，但却无法完全体现在案件处理结果中。人民法院在案件处理过程中，无论是否出于对“结案率”的考虑，均会在案件庭审之外做一些“协调和解”工作。[1] 但这些工作均无法在案件判决结果中体现，尤其是在我国行政诉讼法不允许“调解”的前提下，法官更不能将类似的工作写入判决，这在无形中抹杀了人民法院的大量工作。

将上述社会保险行政争议的困境投射至“公民社会保险权利保障”这一命题上，后者的困境亦可管窥。《社会保险法》意在保障我国公民的社会保险权利，而《行政诉讼法》等一系列程序法则是具体对公民社会保险权利受到侵犯后的救济法，上述社会保险行政司法审查的困境，其背后折射出的是当下公民社会保险权利通过司法途径救济的困境。

---

〔1〕有关法院“协调和解”工作的有关问题，本书将在后续章节详加讨论。

二、问题的初步梳理

困境背后是问题。本研究初步梳理了以下一些问题:[1]

(一) 立法之间存在一定的矛盾和冲突,司法部门难以准确适用

我国社会保险领域整体立法层级较低,不少行政行为依据的是较低级别的行政规定[2]。这些地方的行政规定等低层级文件往往与行政法规、部委规章在某些内容上有冲突。此类冲突一方面表现为由于形势的发展导致新的地方性规定与旧有的全国性法律法规规章的冲突;另一方面表现为地方及其部门在实施某些全国性政策时设置一些与上位法精神或规定有差别的“地方政策”。如下位法变更上位法中给付对象范围,[3] 或下位法改变上位法规定的享受给付待遇的标准或程序,[4] 以及下位法突破上位法设定的范围和幅度等。行政部门在履行社会保险行政法律职责时,无论出于隶属关系,还是出于自身利益考虑,均会优先适用地方性规定,尤其是优先适用地方政府相关主管部门的行政规定。这种矛盾冲突直接影响了司法部门的

---

〔1〕 需要说明的是,此处梳理的问题仅为作者根据数据统计和一些实际案例对社会保险权利保障领域面临问题的初步梳理,可能不够全面细致。本书将在下文中详细从立法和司法角度梳理相关问题,并提出解决方案。

〔2〕 此处“行政规定”是指除法律、行政法规和规章之外的行政部门立法。其内涵与朱芒教授所谈的行政规定一致。朱芒:“论行政规定的性质——从行政规范体系角度的定位”,载《中国法学》2003 年第 1 期。

〔3〕 如在《社会保险法》出台前,养老保险适用范围一般仅限于城镇企业职工,但某些地方将其扩大到了城镇全体职工,即包含了机关事业单位员工。

〔4〕 如下文所举王某的案例及相关行政规定。

法律适用，造成了法律适用的“两难”：一方面按照合法性审查的权限，法院只能对具体行政行为进行审查，不能对行政规定进行审查；另一方面，法院在对具体行政行为进行审查时，发现具体行政行为依据的不是《行政诉讼法》及其司法解释所列举的法律渊源，而是行政规定。这些行政规定又或多或少地违反或者突破了上位法的规定，即违反了“法律优位原则”。此时原被告双方均会据“理”力争。原告强调被告的行政行为依据违反上位法，应当按照上位法规定判决具体行政行为撤销或确认违法。被告则强调其具体行政行为系依法进行，而法院无权审查作为依据的行政规定。由此，案件的处理陷入僵局。本书试举一案例作进一步说明：

王某原籍H市，“文革”期间“上山下乡”中被分配至吉林某林场从事运送林木的小火车驾驶工作，该工作岗位属于特殊工种。[1] 后王某户籍于2003年8月回到H市，并进入某公司工作。2004年4月，王某工作单位为其向H市某区社会保险事业管理中心办理新建养老保险个人账户、1992年底前连续工龄认定和补缴2003年9月~2003年11月社会保险费的手续。其后，王某就一直未缴纳社会保险费。2007年8月，该区社会保险事业管理中心认定其特殊工种工作年限为28年。次月，王某向社会保险事业管理中心去信申请办理特殊工种提前退休手续。社会保险事业管理中心在审核后认为，虽然王某符合国家有关特殊工种提前退休的政策要求，但H市地方却

〔1〕 特殊工种是指一些在高温、低温、高压、有毒有害等环境中工作的工种。根据国家政策，长期从事特殊工种的员工可以享受比正常到龄退休提前5年退休的优惠政策。

有一项特别的规定，即外地转移入户人员，必须在 H 市按月缴费满 5 年才可以退休，而王某在 H 市按月缴费仅有 3 个月（2003 年 9 月～11 月）。因此根据该政策规定，王某不能办理特殊工种提前退休手续。社会保险事业管理中心以信访答复的形式答复了王某。王某不服，诉至法院。[1]

本案最终二审判决被告败诉，判决书中的理由是："被告在答复原告不予办理特殊工种提前退休手续时，所使用的公章为信访专用章，系形式不合法。"显然，二审判决回避了对 H 市本地特殊政策的合法性评价，而这种回避恰恰反映了法院的两难境地：一方面按照法律优位原则，地方行政规定不得违背上位法[2]，既然法律（行政法规）规定的特殊工种提前退休条件中没有规定在当地"按月缴费满 5 年"这一条件，那么 H 市的特别规定就有"与上位法冲突"之嫌；但另一方面有关退休条件的行政法规产生于 20 世纪 70 年代。彼时，"社会保险"制度在中国尚不存在，更不存在劳动力自由跨省流动，也就没有因各地政策的差异而导致的一系列问题。H 市的地方政策正是考虑到 H 市作为一个人口输入地区，在当时个人养老保险账户无法随个人跨区域流动的情况下，为防止 H 市的养老保险基金入不敷出而制定的。[3] 应当承认，这一政策在当时的政策环境下具有其合理性。该案例正是我国当下社会保

---

〔1〕 参见国家法官学院、中国人民大学法学院编：《中国审判案例要览》（2010 年行政审判案例卷），中国人民大学出版社 2011 年版，"社会保障"部分。

〔2〕 有关特殊工种职工提前退休的政策主要规定于《国务院关于工人退休、退职的暂行办法》（国发［1978］104 号文）中，该文系行政法规，且经全国人大常委会原则通过。

〔3〕 目前由于国家实施了个人养老保险账户转移接续制度，在一定程度上缓解了这一问题，但仍未能从根本上解决该问题。

险领域内，各地方为了本地方利益，设置特殊规定的一个真实的写照。面对此类问题，司法机关可以说是进退维谷。

（二）司法审查受限较大，司法公正受到质疑

根据修改前的《行政诉讼法》规定，司法审查的对象只能是具体行政行为，而对那些以行政规定为代表的抽象行政行为则审查权限受到极大限制。新的《行政诉讼法》对此问题规定了法院对违法的行政规定可以不予适用，可向制定机关提出处理建议等内容，但却没有涉及司法审查中的核心问题——直接审查行政规定的内容并确认其合法性。法院无法直接审查行政规定，更无法宣告它们违法或无效。因而，修改后的《行政诉讼法》，能在多大程度上推动法院对行政规定的司法审查，还有待实践的检验。在此情形下，司法作为社会公正的最后底线，其在社会保险领域真正起到的作用有可能被打折扣。从本研究所抽取的样本来看，不少案件其本质是对某个行政规定的不满和质疑，前述王某诉社保机构的案件亦如此。不解决此问题，很难真正使当事人服判，法院的公正性也可能受到质疑。

除了对于行政规定审查的无力外，社会保险领域的司法审查还面临另一个掣肘之处：难以进行合理性审查。合理性问题是行政行为是否侵害当事人权益，是否具有公正性的核心问题之一，其重要性不亚于合法性。随着社会的发展与进步，司法在适当尊重行政权力的同时，是否可以对合理性也进行审查，以保护当事人权益？合理性问题往往与合法性问题纠缠在一起，难以清晰区分。[1] 不合理的行政行为对于当事人权益的

〔1〕 此问题下文详述。

损害可能不亚于不合法的行政行为。无权对行政行为合理性进行审查，造成了司法审查的另一个短板。

（三）法律问题与社会问题交织，法院审判较难适从

社会保险事业具有高度的民生属性，因此，其必然带有两种特性：历史性和群体性。历史性方面，随着社会的进步与开放，长期的城乡二元体制越来越受到诟病，其道德负累更甚。在这一体制中，最重要的是附着在城镇户籍上的各类福利待遇造成的差异。这些计划经济下的福利待遇已转化成了各项社会保险待遇。社会保险待遇的差异成为承接计划经济下人与人身份差异与经济地位差异的“继承者”。既然继承了这一“遗产”，那么不可避免也包括负面的东西。而这些负面的东西往往会成为新制度的负累。一旦发生诉讼，就成为法院审理的难点。群体性方面，社会保险问题往往牵涉面较广，一个问题可能涉及一个人群。有时原告可能是一个，也可能是多个。但无论是一个还是多个，其背后往往有一群类似情形的个体。一旦案件判决对其有利，则会引发一个群体的集讼或集访，造成社会不稳定因素。而对于这类集讼或集访，法院显然是无力满足他们的全部要求的。这也是困扰法院判决的一个重要方面。

（四）处理手段较为单一，“协调”工作仍存疑问

在民事诉讼中，法院处理案件的手段包括判决、调解、和解等多种方式，但行政诉讼法并不允许调解。对于法院而言则少了一个解决问题的措施。但按照 2005 年《关于妥善处理群体性行政案件的通知》规定，法院可以对群体性行政纠纷予以协调解决。各地法院则在此基础上纷纷出台“协调和解”

的司法文件，以推进该项工作的进行，其法律依据则是行政诉讼法中的“和解”制度。那么这种“协调”到底是否符合法律的规定？最高人民法院的规定是否仅适用于群体性行政案件？如何理解地方的扩大适用？如果“和解”后，原告撤诉，但被告却变相又做出新的不利于原告的行政行为，引发原告上访，则如何处理？这些问题都对法院工作产生了新的困扰。

以上是对H市地区公民社会保险权利司法救济面临的困境和问题做一个简单的初步概括。相信如果进一步研究分析，问题可能远不止这些。如果需要对这些问题加以解决，必须先对问题产生的原因进行探究和分析。本研究选择了“立法—司法”的路径进行。理由在于：一则我国通行的立法理论中不承认权利的先验性，认为公民权利来自现行法律的赋予，因此法律是否赋予了公民相应的权利，则成为“权利是否存在”的先决条件。二则我国公民权利救济方式过度依赖公力救济，在很大程度上否定私力救济的效力，这就使得法院的司法审判成为救济的最终途径，也是最有效的途径。鉴于此，本研究在下述内容中，将从立法和司法层面寻找问题存在的理由与解释，为后续的“对症下药”做准备。

本章小结

本章主要内容是实证研究以及根据实证研究结果初步进行的问题梳理。实证研究的结果表明：H市社会保险行政争议总体而言，绝对数量不小，但相对比例不大。从诉讼总量按年度分配看，从2007~2010年总体呈逐年下降趋势，但从2011年起回升，2010~2011 年一审诉讼案件增长率为 53.6%。从案件处理结果看，可以发现以下几点："维持"判决的比例最高；"撤销"判决比例很低；"变更"判决数 6 年统计均为 0，说明法院完全不愿意直接更改行政机关的具体行政行为；"撤诉"比例较高；"驳回诉讼请求"判决比例较高。

根据上述数据统计结果，可以得出一些初步结论：H 市社会保险行政案件总体处于平稳可控状态，诉讼率低；公民败诉后，提起上诉意愿较高。说明一审较难实现"案结事了"，考虑到二审的维持率也较高，因此二审能够实现"案结事了"的可能性亦不大；法院的工作较为有力。在此基础上，对我国公民社会保险权利司法保障面临的困境和问题进行初步梳理，可以得出以下几点结论：

1. 立法之间存在一定的矛盾冲突，且大量行政行为的依据是低位阶的行政规定，原告对此存有异议，司法部门亦感到难以准确适用。

2. 司法审查受限较大，司法公正受到质疑。行政诉讼法对行政司法审查设置了一定的限制，在社会保险行政诉讼中可能导致司法审查不够全面彻底，司法公正易受到质疑。

3. 法律问题与社会问题交织，法院审判较难适从。社会保险行政诉讼往往存在法律问题与社会问题交织的情况，导致法院在审判时往往顾及其历史性、群体性等非法律问题而难以判决。

4. 处理手段较为单一，"协调"工作仍存疑问。行政诉讼不能调解，从而限制了法院的功能发挥。最高人民法院为此推出了"协调和解"制度，试图弥补这一缺憾，但从实际的运行看，该工作仍然存在一些问题，需要进一步完善。

第二章

对现状与困境的解释之一：立法层面

第一节 我国社会保险立法的主要问题与原因分析

一、我国社会保险立法的历史沿革

新中国成立以来，我国的社会保险事业经历了国家保险、单位保险和社会保险三个阶段。新中国成立之初《劳动保险条例》的制定和全面实施标志着我国建立起了具有较大覆盖面的国家保险制度。1951 年 2 月 26 日，国家颁布《中华人民共和国劳动保险条例》，简称《劳动保险条例》，并于 1953 年、1956 年两次修订，全面确立了适用于中国城镇职工的劳动保险制度。《劳动保险条例》肩负着为全国广大翻身的工人阶级提供基本生活保障的重任，更是社会主义新中国与旧中国相比最重要的优越性体现之一，因此这部条例的出台本身就被赋予了较强的政治色彩和意义。虽然这部条例是一部建立在计划经济体制下的劳动保险条例，但由于其适用范围较广，〔1〕

〔1〕 其适用范围包括：①雇用工人与职员人数在 100 人以上的国营、公私合营、私营及合作社经营的工厂、矿场及其附属单位与业务管理机关；②铁路、航运、邮电的各企业单位及附属单位。

涉及的保障内容较丰富——涵盖了养老、医疗、生育、工伤以及供养直系亲属等几乎所有的重要保障项目，而且通过“保险”方式筹集资金，提供待遇，因此成为新中国社会保险事业的奠基石。该条例不仅至今依然未被废除，而且还深深影响了后续立法，甚至影响了2010年的《社会保险法》。

在《劳动保险条例》的基础上，我国政府及其工作部门又制定了一整套完整的，系统化的行政规范，其中比较重要的是劳动部制定的《劳动保险条例实施细则》。这些文件一直沿用到社会主义市场经济建立，社会保障制度改革开启之时。国家保险从新中国成立之初一直实施20世纪60年代后半叶，随着政府停止了企业的劳动保险费统筹，将干部、职员和工人的劳动保险支出由企业内部列支，“保险”的功能彻底丧失。[1]

我国社会保障体制改革是基于中国共产党十四届三中全会决议[2]中提出的建立适应社会主义市场经济体制的社会保障制度的要求而实施的。[3] 社会保险制度的建立则在社会保障体制改革中扮演了核心角色，是多层次社会保障制度的主体与支柱。市场经济下的社会保险制度是涵盖了养老保险、医疗保险、工伤保险、生育保险和失业保险的完整体系。尤其是2010年10月通过的《社会保险法》，标志着我国社会保险事业正式进入依“法”推进的时代，具有里程碑意义。

---

〔1〕 1969年2月，财政部颁发《关于国营企业财务工作中几项制度的改革意见（草案）》，规定国营企业一律停止提取工会经费和劳动保险金；企业的退休职工、长期病号工资和其他劳保开支，改在营业外列支。

〔2〕 即《中共中央关于建立社会主义市场经济体制若干问题的决定》。

〔3〕 原文是：“建立社会主义市场经济体制，就是要使市场在国家宏观调控下对资源配置起基础性作用。为实现这个目标，必须……建立多层次的社会保障制度，为城乡居民提供同我国国情相适应的社会保障，促进经济发展和社会稳定。”

二、我国社会保险立法的主要问题

我国社会保险立法从无到有，从单一的《劳动保险条例》，发展到以《社会保险法》为统领，几十部甚至上百部行政法规、规章和规定相互配合，相互支撑的局面，殊为不易。尤其是在过去的二十几年里，我国建立起了相对较为完备的社会保险法律制度体系。随着政策的不断优化、完善，保障覆盖面不断扩大，保障水平亦不断提高，系统总体运行较为成功。不过当前我国社会保险制度仍然存在一些问题。主要包括以下几个方面：

1. 从立法的系统性看，碎片化特征较明显。“碎片化”作为我国社会保险法律政策的最主要特征，这在几乎所有讨论我国社保政策的文章和专著中都有所提及。所谓“碎片化”，一般是指各个地方的社会保险政策各自为政，导致全国社会保险政策难以形成一个以国家立法为统领，地方立法为支撑，上下协调、相辅相成的整体；或者虽然形式上具备系统性、整体性特征，但是实质上却存在不少矛盾、不自洽，甚至冲突之处，也使得执法和司法都难以适从。立法的“碎片化”还会导致的一个不利之处在于它将整个国家分割成很多个在政策上难以衔接和连通的社会保险区域。这种人为的分割既可能造成区域之间人员流动的困难，也可能造成各区域企业缴费差异，形成不公平的制度性负担。

2. 从立法层次看，重心下沉较为明显。在《社会保险法》出台之前，我国社会保险领域没有一部全国人大（或其常委会）立法，最高位阶的“法”是国务院行政法规：《社会保险费征缴暂行条例》（国务院令第259号）、《失业保险条例》（国务院令第258号）、《工伤保险条例》（国务院令第375号）等区区几部。即便是作为部门规章的劳动保障部部门规章亦不多，而大量的是地方劳动保障主管部门（社会保险行政管理部门）颁布的行政规定。有学者以H市养老保险政策为例对各层级规范进行了统计，发现该领域行政规定就占了94.5%（具体见表6）。[1] 绝大多数行政规定都直接对参保人的实际权利义务产生影响。前述王某案例中的相关规定就出自H市政府所属相关部门的行政规定。

表6　H市养老保险行政法律规范分布表

部　门	行政法规（件）	行政规章（件）	地方规章（件）	行政规定（件）
国务院	2	-	-	6
劳动部（包括原内务部）、公安部、教育部等	-	2	-	8
H市人民政府	-	-	4	14
H市人力资源和社会保障局	-	-	-	109

3. 从立法过程看，程序相对较为简易。立法程序是否公正严谨对立法结果的公正性和立法质量有很大的影响。立法有

〔1〕 引自訾莉娜：《行政规定司法审查问题研究》，华东政法大学2014年博士学位论文。

严格的程序规定，目的就是为了确保立法质量。《立法法》对法律、行政法规等一些高位阶立法的立法程序有较明确的规定，从而在一定程度上确保了立法质量。然而较低位阶的行政规定则主要由行政机关内部起草，由机关首长批准后发布实施。虽然这一过程无明显违规之处，但相较于程序较为严谨复杂的高位阶立法而言，无论在内容上还是在程序上都不可避免带有一定的随意性，尤其是长官意志更容易形成渗透或施加影响。更为重要的是，立法过程中相关各方的利益博弈可能就此被省略或大大减少。缺乏相关各方利益博弈的立法终究会在实施中产生这样那样的问题，这已经是被无数历史实践证明了的。仍以前述的案例所涉文件为例，该文件要求外地入沪人员必须缴纳社会保险费满 5 年才能在 H 市当地享受养老保险待遇。此文件由劳动保障部门、公安部门、人事部门等 5 个行政机构联合发文。显然政策制定者考虑到了此政策可能会涉及多个部门职能，如户籍管理、人才流动等。但作为一个普通的行政规定，各方利益博弈肯定不会比一个更高层次的地方政府规章甚至地方性法规充分。而且一些关涉民生的重要立法仅有行政部门制定而无人大代表参与，无人代表普通民众发声，难免失之偏颇。因此该规定如果需要合法有效地得以实施，应该由市人大常委会出面协调各方利益，在充分博弈并进行合法性审查后，以地方性法规形式出台。这一点的基本精神在党的十八届四中全会公报中也有所体现。[1]

造成以上问题的原因是多方面的，综合来看，主要有以下

---

〔1〕 见《中共中央关于全面推进依法治国若干重大问题的决定》第 2 部分第 3 点。

几点：

（1）行政力量对社会保险事业改革进程的主导。和其他诸多领域的改革一样，我国社会保险领域的改革也是由行政力量主导的。这与行政力量在我国经济社会中的地位是一致的。这种行政的主导性作用主要源自两个方面：一是行政力量的高效率。改革开放之初，百废待兴，人民迫切需要尽快扭转混乱局面，开启改革历程。此时，唯有政府的行政力量贯彻党中央精神最为高效。二是我国特定的历史发展历程。普通百姓已经习惯于将政府看成国家机器的代表甚至全部，对政府的行为也具有高度的信赖，通过政府行政力量推动改革，在民众中具有较高的接受度。行政主导各领域改革的一个重要后果就是行政规定在各个领域内成为实质的支配性执法依据。人民日报曾经做过统计，2004~2008 年 10 月，全国 31 个省级人民政府收到其省级人民政府部门和设区的市人民政府报送备案的行政规定达 38 892 件。[1] 这些文件内容涉及了人民生活的各个方面。

（2）立法的基本指导思想对社会保险立法的影响。我国长期以来立法的一个重要指导思想是“成熟一个制定一个”。[2] 这一指导思想是在改革开放之初提出的，是一种以经验为基础的立法思想体现。[3] 应该说这一原则的提出基于

---

〔1〕 秦佩华：“全国 31 个省份对“红头文件”建立备案审查制度”，载《人民日报》2009 年 11 月 4 日，第 17 版。

〔2〕 万其钢：“彭真立法思想研究”，载中国人大网，http://www.npc.gov.cn/npc/xinwen/rdlt/fzjs/2011-04/11/content_16509055.htm，最后访问日期：2015 年 6 月 5 日。

〔3〕 立法的经验主义是彭真同志立法思想的重要内容之一。具体参见刘松山：“当代中国处理立法与改革关系的策略”，载《法学》2014 年第 1 期。

以下两个理由：

第一，根据这一指导思想对于中国这样一个地域辽阔、人口众多，且地域差别、城乡差别极大，情势极其复杂的国家进行立法是合适的，因为不同地域的基本情况不同，很难制定划一的法律。

第二，当代中国的立法与其他国家特别是西方发达国家立法的一个重大区别是，中国的立法都是改革背景下和改革进程中的立法。自 1978 年党的十一届三中全会确立“改革”这个基本方针后，中国就进入了一个全面改革的时期，而立法是与改革同时起步、同步或者交错前行的，立法所规范的社会关系，实际都是改革背景下的社会关系，甚至是变动中的社会关系。立法的任务常常是改革的任务，立法的难点常常是改革的难点，立法的前行与阻滞常常受限于改革的前行与阻滞。这就导致了立法工作往往很难超越改革而起到引领作用。[1]

社会保险立法虽然是全国性的工作，但其发展却不平衡，存在极大的地区差异。可以说，社会保险立法集中反映了上述两点“理由”所形成的特点。仅就养老保险制度建立时间而言，各地就不一致，比如 H 市的养老保险制度建立于 1993 年，而中部某些地区则建立于 1996 年，甚至更晚。这一差别的长期存在，给社会保险全国性立法造成了极大的困难。于是我们可以看到，即使制订了全国统一的《社会保险法》，其很多内容也只是一种宣示或原则性规定，具体涉及权利义务的规

---

〔1〕 新修订的《立法法》提出了地方立法的引领作用。但《立法法》上的引领作用是指在有限范围内地方立法对于全国立法的引领表率作用，而非对改革的引领作用。

定不多。而真正涉及参保人权利义务的规定往往由地方自行制定。

（3）政府在立法程序中的重大话语权。草案制定是立法程序中的最重要环节之一。在当今体制下，无论中国还是西方国家，立法机构只是在草案基础上进行审议和局部修改，很少（能）对草案推倒重来。这是由立法的专业性决定的。这种专业性一方面来自对该领域专业知识的掌握，另一方面来自对该领域基本数据信息的掌握。而政府在这两方面恰恰具备较多优势。因此，掌握了草案的制定权等于掌握了立法各环节中最重要的权力，同时也往往掌握了在后续审议过程中的重要话语权以及实施过程中的解释权。在我国，草案制定权长期被政府及其组成部门掌握。虽然《立法法》等法律也规定了一定数量的人大代表或人大常委会委员有权提出提案，但囿于人大代表的专业能力及立法对知识和信息的高要求，大多数的草案制定权依然为政府所掌握。以某直辖市制定的一部地方性法规为例，一般先由地方政府某一主管机关起草，草案一俟制定，按照程序应当首先由地方政府法制部门（主要是政府“法制办”）负责审查，提出审查意见，然后由法制办会同起草部门进行修改，并将修改完毕的草案报市政府常务会议批准。在市政府常务会议讨论过程中，起草部门仍然全程参与，既解答法制部门的疑问，又提出或解释自己的主张。政府的法制部门则承担着法律“守门人”的职责，对相关条文的合法性提出审查意见，但由于专业性差异，这种“守门”亦可能面临着起草部门的反驳。尤其是信息不对称等因素，使得法制部门往往难以对起草部门提出的草案进行实质性修改。草案被提交立法机关后，将由立法机关的法律委员会审查，这种审查其实与政府法制部门审查无异，甚至相对更处于劣势，因此也难以提出实质性修改意见。最后，草案被提交地方立法机关全体会议审议。我国的基本国情决定了地方立法机关的人员组成必须考虑广泛代表性〔1〕以及其他一些因素，这样就降低了整体的法律专业性，同样难以对较为专业的法规草案提出实质性修改意见。即使在立法机关的讨论过程中，起草机关依然可以在现场回答并解释，通过话语发挥自身的影响力。因此可以说，政府作为起草机关，对最终立法的内容具有最大的影响力。社会保险立法亦无法置身"世"外。一般而言，国家层面立法往往由国家人力资源和社会保障部负责起草，然后提交全国人大常委会或国务院审议并通过。而各类地方立法则一般由地方人力资源与社会保障部门起草，再提交地方人大或地方人民政府审议并通过。

（4）民众权利意识相对缺乏。权利意识既是人类大脑思考的产物，更是人类历史发展的产物。西方社会民众的权利意识经历了千百年斗争和历练后，又经历多次思想启蒙，始得树立。一方面，中国由于历史的原因，很多方面仍然习惯于遵从政府的指令，把本应属于自己的权利看成是政府的"赠与"，从而在诸多本应争取权利的方面未能积极应对，在"权利"在与"权力"的博弈过程中从一开始即落于下风。这些又反过来加剧了行政权力独大的倾向，强化了行政机构在制定相关立法时忽视程序，忽视上位法的倾向。另一方面，民众权利意

〔1〕我国地方立法机关的组成人员主要是退居二线的政府、法院、检察院的领导人员、劳动模范代表以及各民主党派推荐人员，具有广泛的代表性。

识的缺乏还导致在对某些关键性法律条文的解释上，民众无法与政府进行正常的对话与沟通协商，[1] 呈现出“权利”被“权力”“覆盖”的特征。有学者一针见血地指出：“在社会政策上，我们强调‘以人为本’，而非‘以民为本’，还强调行政体系机械的‘网格化’覆盖而非把群众组织起来‘参与’。没有了自己的、有机的自然社区组织，还被行政‘覆盖’，人民当家做主就成了空中楼阁。”[2] 社会保险法作为一国社会政策的重要组成部分，就其性质而言，不应是社会保险行政管理法，而是社会保险权利保障法。这一法律的直接目的只能是保障劳动者的社会保险权利。[3] 而现实中，大部分民众似乎并未意识到这一点，仍然认为社会保险待遇应由政府“给予”，而忽略了自身的权利。

第二节　典型样市：H市城镇职工养老保险主要政策分析

本节从H市社会保险政策的历史沿革入手，着重从政策体系、内容以及未来发展趋势等方面对H市城镇职工养老保险相关政策进行分析，为下一步研究提供一个较为完整的样本。

---

〔1〕 之前网络热议的当事人办事需证明“你妈是你妈”的事件，既说明了一部分机关面对人民群众权利的冷漠，也反映了人民群众在自己的权利受到不当对待时的无奈与愤怒。

〔2〕 鄢一龙等：《大道之行——中国共产党与中国社会主义》，中国人民大学出版社2015年版，第3页。

〔3〕 常凯：“当代中国劳动关系的法律调整研究”，载常凯：《劳权论：当代中国劳动关系的法律调整研究》，中国劳动社会保障出版社2004年版，第181页。

一、H 市启动社会保险体制改革的历史背景

从 20 世纪 50 年代起至改革开放之前，H 市和全国一样，实行的是以城镇地区国有单位为依托的劳动保险制度（即“劳保”），覆盖国有、集体企业和机关事业单位的职工及其家属，包括了养老、医疗、工伤、生育、遗属等保障项目，实现了对职工“从摇篮到坟墓”的全面保障。与计划经济相适应的劳保制度在相当长的一段时间对保障职工权益、促进经济发展、维护社会稳定发挥了积极作用。但是，随着计划经济向市场经济的逐步转轨，传统的单位保障模式的弊端逐渐显露：一是沉重的保障负担严重影响企业平等参与市场竞争；二是企业走向市场以后由于经营困难，部分企业职工保障待遇难以落实；三是劳保制度狭窄的覆盖面限制了劳动力的市场化流动。

由此，国企改革和经济体制改革共同呼唤建立独立于单位之外、社会化的社会保障制度。中国共产党十四届三中全会《关于建立社会主义市场经济体制若干问题的决定》首次明确提出：建立多层次的社会保障体系，对于深化企业和事业单位改革，保持社会稳定，顺利建立社会主义市场经济体制具有重要意义。正是在这样的历史背景下，作为国有经济比重较高的老工业城市，H 市于 20 世纪 80 年代开始启动了社会保险体制改革。

二、H 市城镇职工养老保险体制改革的总体发展历程

总体而言，自改革开放以来，H 市养老保险建设和发展主

要经历了四个时期：

（一）起步阶段（1986~1992 年）

20 世纪 80 年代初期，随着国企改革的展开，原先与传统计划经济相适应的单位保障模式开始向与市场经济相适应的社会保障模式转轨。为了搞活国有企业，1984 年 H 市开始对国有企业从社会上招收的工人全部实行劳动合同制，后逐步扩大到集体企业，打破了原有的固定工制度。为了给国有企业创造一个平等的市场竞争环境，1986 年，H 市实行了国有企业退休费统筹制度。1988 年，退休费统筹制度进一步扩大到集体企业，由此开启了养老保险制度改革的进程。

（二）探索阶段（1993~1997 年）

20 世纪 90 年代初，随着改革的全面深入，国有企业退休费统筹制度的局限性开始显现，为此 H 市开始探索建立独立于单位之外、社会化的养老保险制度。

1993 年，H 市建立城镇职工基本养老保险制度，将养老保险统筹范围扩大到所有企业和机关事业单位，实行一体化管理，建立养老保险个人账户，开始按国家要求形成社会统筹与个人账户相结合的养老保险制度框架，建立了统一的养老金增长机制。1995 年，H 市相继实施了城镇私营企业职工、城镇个体工商户及其帮工、外商投资企业中国职工等群体的养老保险参保办法，使“城保”的覆盖面扩大到包括非公经济单位在内的所有单位及其职工。

（三）推进阶段（1998~2006 年）

20 世纪 90 年代中后期起，国家城镇养老、医疗、失业、工伤、生育保险办法相继出台实施，H市养老保险制度在与国家办法并轨的基础上，又根据自身实际不断创新。尤其是进入2000年后，H市将社会保障制度作为完善社会主义市场经济体制的重要内容，开始了将养老保险覆盖范围向三个方面拓展的进程：

1. 实现了由“单位人”面向“社会人”的拓展。[1] 为了帮助国企下岗职工再就业，H市从1996年开始，实行了下岗职工基本生活保障，继而又推出了“协议保留社会保险关系”（即“协保”）政策，推动了由“单位人”向“社会人”的转变，逐步实现了养老保险的社会化。1998年和2002年，H市分别实施了城镇灵活就业人员、小时工的参保办法，使城镇职工养老保险制度覆盖范围由传统的单位职工向H市城镇其他从业人员扩展。

2. 实现了由城市居民向农村居民的拓展。1994年建立的农村居民最低生活保障制度不断完善。在1996年建立农村社会养老保险的基础上不断扩大覆盖面。2003年，为了解决城市化过程中各类失地农民（包括征用地农民）的社会保障问题，H市探索建立了“五险合一”的小城镇社会保险，其在解决郊区各类历史遗留问题人员的社会保障问题上发挥了积极的作用。2004年，H市开始对65周岁以上的老年农民实行养老金托底政策。

---

〔1〕 所谓“单位人”和“社会人”是我国在20世纪90年代中期国有、集体企业进行养老保险社会化改革过程中的两种称谓。“单位人”指代改革前生老病死皆由用人单位负责的计划经济保障模式，“社会人”是指职工的各项保障实现社会化运营和管理。

（四）完善阶段（2007 年至今）

随着改革的深入，社会保险制度的重要性不断凸显。中国共产党十六届六中全会将建立统筹城乡居民的社会保障体系作为构建社会主义和谐社会的重要目标。H 市社会保险制度逐步定型规范，进入完善阶段。2006 年下半年以来，H 市重点将基本社会保险制度尚未覆盖的体制外人群逐步纳入除城镇和农村“低保”以外的各类基本社会保险的覆盖范围，相继出台了高龄无保障老人基本保障、遗属保障等多层次养老保险。2010 年，《社会保险法》出台，H 市按照国家要求，积极与《社会保险法》相关内容接轨，开启了 H 市社会保险事业发展的新时代。

三、H 市现行城镇职工养老保险政策评价

目前，H 市的基本养老保险制度，主要包括：城镇职工养老保险、城镇居民养老保险、新型农村社会养老保险、小城镇养老保险。[1] 本研究重点对最重要的制度——城镇职工养老保险制度进行简要评价。

（一）成功之处

1. 起步时间早，政策相对完善成熟。H 市的养老保险制度起步于 1993 年，几乎是全国最早的地方之一。这为该市在制度建设和实施上赢得了先机，具有一定的“先发优势”。由于起步早，该市有了更多的时间对制度进行适应性调整，对包

---

〔1〕 囿于篇幅所限，本书正文中不再详细列出有关法律文件名，下同。

括征收、运营、待遇发放等各个环节进行试错、调整，不仅形成了相对成熟，适合自己的制度，而且在不少方面还成为国家立法和其他地方立法的样本。同时，该市通过制度的建设和运行培养了一支业务熟练的社会保险干部队伍，为今后地区社会保险的可持续发展打下了良好的基础。

2. 覆盖面较广，受益者众多。从政策内容看，由于设计了多层次的养老保险，降低了参保门槛，不同收入水平的人群都能找到适合自己的养老保险，从而扩大了覆盖面。虽然有批评者认为这一做法有违公平原则，但在一个发展中国家，相对于西方已经发展了近百年的成熟的体系，从低门槛、有差别、广覆盖的制度起点出发，不断改进，不断提高各层次的水平，尽量使更多的人受益，最后达到实质平等，不失为一个合适的进路。

（二）不足之处

1. 立法层次偏低。前已述，当前构成养老保险政策框架的主体是规范性文件（行政规定），地方性法规和政府规章缺位。就 H 市而言，形成这一局面，主要源于两方面原因：一是《社会保险法》出台时间较晚。《社会保险法》作为下位各层级养老保险立法的起点，虽然酝酿多年，但直至 2010 年末方才姗姗出台，2011 年下半年始得实施，造成了下位各层级立法缺少纲领性法律文件的引领的后果。二是全国的养老保险体系仍然处于摸索和改革进程当中，制度变化频繁。法律、法规、规章等立法具有相对稳定的特点，但易出现滞后问题，无法跟上快速发展变化的养老保险制度。规范性文件在修订程序上比较便捷，易于随时调整，因此成为构成养老保险政策框架的主体。然而，从长远来看，偏低的立法层次存在以下弊端：

（1）较难实现立法的预测作用。预测作用是立法的基本作用之一，明确而安定的法律规定有助于行政相对人对自身和行政主体之间的权利义务作出合理的预测，从而对自身的行为作出选择。养老保险一个重要的制度特点是待遇延迟支付，即参保人在长达几十年的时间内，纯履行缴费义务，支撑其缴费行为的是对于未来享受待遇的预期。立法层次过低，甚至以经常性变化的文件代替立法，会造成全社会对于养老保险制度的预期减弱，进而影响行政相对人个体主动参加养老保险的积极性。例如，H 市的养老保险费率自 1993 年制度实施开始，已经先后于 1995 年、1997 年、1999 年、2001 年、2003 年、2004 年经历了 6 次调整，且调整形式都是规范性文件。其中，单位缴费费率调整过 2 次，个人缴费费率经过了 5 次调整，从 3%上调到 8%。在养老待遇计发模式并没有实质变化，“多缴多得”原则体现尚不明显的前提下，个人缴费负担频繁变化且不断加重，影响了个体参保的积极性。

事实上，社会公众对于社会保险政策变化是很敏感的，这从近期关于“延迟退休方案”的新闻事件中可见一斑。社会上一度流传“社会保险不如商业保险”的观点，其主要论据就是认为：商业保险的权利义务得到合同约定的保障，而社会保险的权利义务则依存于对政府的信赖，如果政府的规定频繁发生变化，参保人的预期利益与实得利益就可能产生落差，从而打破这种信赖。可见，参保人员对于未来待遇享受预期的信心，一定程度上取决于立法的稳定性。

（2）难以保证强制性。现行的各项基本养老保险制度，均涉及参保个人、用人单位、政府等多方的义务。而规范性文件在作义务性规定时有诸多的限制，例如无法设定罚则等，其强制性显然无法与法规和规章相提并论。例如《社会保险法》第 63 条规定："用人单位逾期仍未缴纳或者补足社会保险费的，社会保险费征收机构可以向银行和其他金融机构查询其存款账户；并可以申请县级以上有关行政部门作出划拨社会保险费的决定，书面通知其开户银行或者其他金融机构划拨社会保险费。"这是一项新设的行政强制权，也是一种征缴保障措施，赋予了社会保险行政部门在用人单位拒不缴纳社会保险费的情况下，直接向金融机构划扣资金的权力。行使行政强制权需要金融机构的配合，但法律对于金融机构的配合义务未作明示。据笔者了解的情况，目前在全国范围内，实际成功执行这一条款的案例几乎没有，一方面原因是金融机构出于自身商业利益的考虑，在配合社会保险行政部门划扣资金的问题上缺少积极性，甚至存在抵触。另一方面，金融主管行政部门在金融机构如何配合其他行政部门履行行政强制职权的问题上，也没有相应的规定。金融机构认为操作上缺乏依据。如果地方主管部门以规范性文件形式单方面对金融机构配合执行提出了要求，那么可以说该文件的执行效果仍有待观察——首先，社会保险行政部门不是金融机构直接的上级监管部门，其制定的文件难以跨行业、跨领域对金融机构的行为形成有效约束；其次，规范性文件的强制性先天不足，也无法保证其执行力。设想，如果能够通过政府规章或其他立法形式对这个问题作出规定，就可以跨行业、跨领域作出义务性的规定；同时也可以设定相应的法律责任等条款，为执行提供保障。

2. 补丁化倾向明显。虽然经过多年的发展，H 市的社会保险制度较之其他地区而言，在一定程度上摆脱了碎片化，但补丁化却依然存在。对于一个非专业从事劳动人事、社会保险工作的普通人来说，想要通过自学相关文件比较全面地了解 H 市的养老保险制度是一件困难的事情。这主要是因为现行的养老保险政策体系非常庞杂，而且历年来的每一次修订、补充，通常仅涉及个别政策点，新发布的件规范经年累月，互相堆叠，互相覆盖，形成一个关系错综复杂的文件群。例如，对 H 市城镇职工养老保险覆盖范围的描述，就涉及十多个文件规范，时间跨度近 20 年，要用三言两语说清楚，并非易事。市政府颁布的《H 市城镇职工养老保险办法》中规定的参保范围仅为机关、事业单位和城镇范围内的国有企业职工，后通过单项的市政府规章，逐步覆盖到外商投资企业职工、私营企业职工、城镇个体工商户及其帮工、H 市户籍自由职业人员、持 H 市人才引进类居住证的外来人员等。后又陆续通过市人社局规范性文件的形式，逐步将覆盖范围扩大到非全日制就业人员、外地城镇户籍在本地从业人员、H 市户籍人员的外地户籍配偶、取得就业许可的境外人员等。《社会保险法》实施后，进一步通过规范性文件的形式，将外地农村户籍在本地从业人员、在 H 市医院从事护工工作的人员等群体也纳入参保范围。仔细辨认可以发现，这些群体互相是有重叠的。正是由这些零散又互为补充的文件规范互相重叠、拼接，形成了 H 市城镇职工养老保险参保范围的整个轮廓。事实上这个“拼图”仍不严密，如果对照《社会保险法》的规定可以发现，例如外地至本地灵活就业人员（自由职业）等对象群体的参保问题仍然是空白。这一局面固然与养老保险制度从无到有、逐步完善的发展过程有关，但就整个政策体系而言，难免给人以“补丁化”的印象。

3. 对照《社会保险法》仍存在空白。例如，“城保”如何与“居保”、“农保”互相转移衔接，其参保年限、个人账户如何折算？人力资源与社会保障部的部门规章《实施〈中华人民共和国社会保险法〉若干规定》中原则地规定，参加职工基本养老保险的个人达到法定退休年龄后，累计缴费不足15年的，可以申请转入户籍所在地新型农村社会养老保险或者城镇居民社会养老保险，享受相应的养老保险待遇。但目前具体的折算方法无据可循。又如，继外省市户籍护工、无雇工个体工商户等灵活就业人员纳入H市城镇职工养老保险之后，对于外省市户籍自由职业人员等是否放开在当地参保？如果放开后，对于后续带来的转移接续等工作，如何进行衔接？这些规定的缺位，造成《社会保险法》在实施多年之后，相应条款仍然无法贯彻落实到位。当然，这些都属于全国性的制度难题，究竟是应由国家人力资源社会保障部立法解决，还是交由各地方立法明确，仍然未有定论。

4. 缺少符合地方实际的创新性的规定。H市在养老保险制度方面曾经结合H市的实际情况，出台过一些具有H市地方特色的创新性的规定。例如，针对外来从业人员流动性大的特点，实施了一种带有商业保险属性的“综合保险制度”，对其养老待遇采用参保一年即发放一份养老补贴凭证的方式进行结算，避免了退保造成的损失。又如，针对H市郊区的经济发展水平，实施了小城镇社会保险制度，采用相对于“城保”

较低的缴费基数和缴费比例，适当降低郊区企业的用工成本，促进郊区经济的发展。这些政策未必完美，不过都在特定的历史时期发挥了相应的作用。但是，我国的养老保险改革是自上而下进行的，随着人口跨地区流动就业愈加频繁，跨越地域界限，推行一套全国统一的养老保险制度是大势所趋。《社会保险法》及国务院相关件的出台，基本确定了各险种的制度框架，留给地方的立法空间很小。近年来，H 市在养老保险方面所做的主要工作，就是向国家城镇职工养老保险的模式靠拢，先后取消了原来外来从业人员参加综合保险、郊区企业从业人员参加小城镇社会保险的规定；调整了个人账户的规模；重新调整了养老金计发的办法，等等。鱼和熊掌不可兼得，在向国家制度模式接轨的同时，原来体现 H 市特色的制度创新也逐渐消失，这不能不说是一个遗憾。

事实上，我国目前所处的经济社会转型期，大量的新生事物和社会保险制度之间会产生不少“留白”，这些“留白”将成为未来社会保险立法的极好“素材”，也是地方社会保险立法发挥“引领作用”的重要空间。

以上以 H 市的城镇职工养老保险制度为样本做了一个简要的政策分析与评价。该市的这一制度虽然只是社会保险制度的一个组成部分，但能起到“管中窥豹”的作用，并为后续的研究打下基础。

第三节　地方行政立法对公民社会保险权利的影响

立法对公民权利的影响毋庸置疑，根据我国正统的法理学教科书，公民权利来自法律的赋予。[1] 我国社会保险领域的立法是在人大立法的框架之下，主要由行政立法主导。这既与我国长期形成的法律文化密不可分，同时也与我国所处的特殊社会背景有一定的关系。此种格局，既和其他一些领域，如经济法、金融法等，有共同之处；也呈现出一些与其他部门法不同的特点，即社会保险领域的行政立法主要以地方行政立法为主，而经济法领域的行政立法主要以行业行政立法为主。此二种格局的形成主要源自该二门法律的功能与调整对象的差异。前者具有较明显的地方性——在社会保险未能实现全国统筹的前提下，社会保险基金主要依靠地方筹措并统筹发放，不足部分也由地方财政补贴，因此地方立法必然占据主要地位。经济法则正好相反，无论是经济宏观调控立法，还是银行、证券、海关等部门法，均体现一国的经济主权，而且在单一制国家中更体现了中央对关系国家命脉的核心部门和领域的统一管理。社会保险领域立法浓厚的“地方行政”属性对公民的社会保险权利的影响可以说是利弊各半。有利之处在于地方政府熟悉本地的社会保险基金基本状况，其立法符合当地实际情况，尤其在基金的财务收支方面，掌握全面信息，因此立法多能在当地得到顺利贯彻。同时，在发生争议时，地方司法机关能够深入实际了解案情，从而有利于案件判决。然而，其弊端与风险也是显而易见的：

1. 地方行政机构的立法决策与执行解释对公民社会保险权利的得失多寡的影响较大，以至于在一定程度上可能限缩法

〔1〕 参见张文显主编：《法理学》（第4版），高等教育出版社、北京大学出版社2011年版，第94页。

律赋予公民的权利。有关地方行政机构对立法决策的影响力在前文已述，不再赘述。此处着重讨论行政执法对公民社会保险权利的影响。所有的立法均需要行政机构执行，而执行中的问题往往又由行政机构负责解释。加之地方政府在养老、医疗等重要险种上具有一定的地方立法权，由此，公民社会保险权利的最主要决定者应为地方政府。尤其需要指出的是地方政府（及其社会保险事业的主管部门）对有关政策的解释权对于公民社会保险权利的影响之巨。就法理而言，“解释”分为两种：有权解释与无权解释，前者又分为立法解释与司法解释。立法解释一般指立法者或者得到立法者授权的机构的解释（此处的立法指广义的立法，即包括人大立法和政府立法）；后者则专指最高司法机关（最高人民法院和最高人民检察院）在适用法律时的解释。无权解释则是指不具有解释权的主体，比如学者、人民群众对法的解释。现实中，却出现了一种由无解释权主体作出，但却有相当大拘束力的解释——执行机关对于其所执行的上位法的解释。这种“执行解释”一方面似乎符合行政行为的基本要求和理念：执行法律本身也是适用法律的过程，必然涉及解释问题；另一方面却未获得高位阶法律的授权，有些“名不正言不顺”。此种“解释”虽然方便了执行，但却可能引发“合法性”的风险。这种“合法性”风险往往发端于执行“解释”对上位法赋予公民的权利的限缩，最终归结于这种执行“解释”与上位法的抵触与矛盾。显然，如果执法“解释”与上位法抵触，但却未限缩公民权利，甚至扩大了公民权利，则这种风险很难发生。因此，此风险的核心在于执行“解释”有可能“非法”限缩了上位法赋予公民的权利。从现实看，这种情形所引发的争议比例较高。

2. 碎片化的立法导致人民所享有的社会保险权利参差不齐，也不利于参保人跨地域的权利衔接。由于我国地区差异较大，不同地域进行社会保险改革的起步时间亦不同，使得不同地域参保人员的缴费水平和社会保险待遇水平有很大差别，导致各地的待遇水平和类型相互之间存在较大差异。这种立法的“碎片化”同时也导致了参保人员跨区域流动时的困难。以养老保险为例，虽然国务院出台了相应的转移办法，个人跨区域转移时个人账户可以随迁，但是依然存在着参保前工龄认定的问题，即由于不同地区开展养老保险的时间不同，导致实施较晚的地区人口迁移至实施较早的地区时，其随迁的个人账户记账只能从后一个时点开始计入，而之前的账户记账则存在空白，需要迁入地社保部门另出“政策补丁”加以解决。例如，某人从甲省迁入乙省，甲省从 1996 年开始实施社会保险统筹制度，而乙省则于 1993 年开始实施该制度。于是此人迁入乙省后，1993~1996 年间的社会保险就出现“空白”必须由乙省解决。既不利于人员流动，也消耗了行政资源。

3. 一定程度上阻碍了社会保险权利义务平等化的进程。社会保险基金的全国统筹，尤其是养老保险基金的全国统筹是解决全国社会保险水平差异过大，实现社会保险待遇公平的关键之举，同时也可以将基金集约化保管、投资和使用，大大提高资金的使用效率。其政治意义、法治意义和经济意义均难以估量。分散化的基金地方统筹虽然在现阶段“实属无奈”，却可能导致地方立法对养老保险基金的全国统筹造成障碍。事实上，虽然《社会保险法》对于基本养老保险基金的全国统筹已经做出明文规定，但依然只是宣示性的，何时实施依然没有确切的时间表与路线图。党的十八届三中全会提出了“养老金全国统筹”的改革方向，但时至今日，依然处于政策研究中。

4. 不利于公民社会保险权利意识的尽早养成。地方行政权力在公民社会保险权利的多寡、强弱方面起到了决定性作用。行政权力影响过大的一个弊端在于削弱了公民权利意识。社会保险是公民的基本权利，并非基于政府的给付，但现在广大参保人普遍缺乏这一“权利”意识，其中很大的缘由就是长期以来政府在社会保险立法与执法中权力过大，行政相对人在一次次接受政府“发放”的各种待遇的时候，也慢慢接受了“待遇由政府给予”这一思维定式，从而很容易忽略社会保险立法的“权利”属性，产生社会保险的权利或利益“来自”由政府“授予”这一错觉。社会保险权利已经作为公民的基本权利写入宪法，但公民的权利意识却不可能随着权利入宪一蹴而就。这一过程既与一国的政治、文化传统有关，也与国家的权力架构有关。无论如何，权利意识的养成是一个漫长的过程。在这一过程中，如果伴随着大量行政权力对于个人权利的支配，甚至恣意增减，加之传统文化中缺乏“权利”元素，公民相应的权利意识的养成必然相对缓慢。

本章小结

本章主要从立法层面对第一章中提出的问题进行解释，旨在从立法角度发现问题，为下一步提出解决方案打下基础。首先，本章从历史的角度对我国的社会保险制度发展沿革进行了梳理，并以H市城镇职工养老保险制度为样本，从历史角度对国家和地方层面社会保险立法中存在的一些不利于保障公民社会保险权利的问题进行了分析；其次，从现行立法角度对社会保险立法的总括性问题进行了讨论。总体而言，国家和地方层面的社会保险立法都存在“碎片化”严重、立法“重心”下沉以及立法程序较为简单等问题。造成这些问题的原因包括行政力量对于立法的影响过大、传统的立法思路影响、立法程序中对政府的依赖较大以及民众权利意识的不足等。作为社会保险事业发展水平较高的H市，其城镇职工养老保险制度也存在着立法层次偏低、补丁化、对照上位法仍存在空白以及缺少符合地方实际的创新立法等问题。这些问题对于公民社会保险权利保障的影响包括：

1. 地方行政机构的立法决策与执行解释对公民社会保险权利的得失多寡的影响较大，以至于在一定程度上可能限缩法律赋予公民的权利。法律的规定往往较为原则，在实际执行中需要执行机构加以解释，这种解释往往会形成行政立法。该行政立法有可能会消减权利，具体表现为缩小权利的适用范围，增加当事人享受权利的程序性负担等。

2. “碎片化”的立法导致不同地域人民所享有的社会保险权利参差不齐，也不利于参保人跨地域的权利衔接。虽然各自地方立法可以保证法律适用时的方便，并且能够尽量照顾到地方实际情况，但是也会造成不同地域参保人的负担和享受待遇的不同，从而导致地区差异，更不利于人员的自由流动。

3. 一定程度上阻碍了社会保险权利义务平等化的进程。

作为一国的公民，社会保险权利义务应当尽量平等。但是地方立法在国家社会保险立法中占据主导地位会导致这种平权的进程缓慢甚至迟滞。

4. 不利于公民社会保险权利意识的尽早养成。由于行政立法机关多为实际执行机构，其在立法时往往会按照方便自己执法的方向行文，即“授权式”立法。此种立法显然不利于公民社会保险权利意识的养成。

第三章

对现状与困境的解释之二：司法层面

第一节　社会保险行政司法审查的普遍不足

社会保险行政司法审查，是指人民法院依照《行政诉讼法》以及其他相关法律规范，通过法庭开庭审判的方式对社会保险行政案件进行审理，以确定被诉具体行政行为合法性的司法活动。从行政相对人的角度看，社会保险行政司法审查也是一种重要的权利救济方式。相比于其他类型的救济方式，它具有一些其他方式不具备的优点：

1. 直接言词性。相比于行政复议，法庭审判更加直接，更加有利于两造直接表达自己的观点和意思，更有利于法官了解原被告双方的态度、情绪等，从而更加了解事实真相，作出公正的裁判。修改后的《行政诉讼法》更是增加了作出“维持”复议决定的行政复议机关可成为共同被告的规定，更加有利于各方清楚直接地表达观点，更有利于法院作出公正的裁决。

2. 审查中立性。司法机关是与立法、行政机关并列的国家机关。除了向最高权力机关汇报，向其负责之外，具有很强的中立性。我国宪法和法院组织法、诉讼法也保障了人民法院在审理案件过程中不受其他个人、集体和组织的干涉，这就为司法审查的中立性提供了宪法和法律保障。由于行政诉讼的被告是行政机关，〔1〕这种中立性与行政复议相比优势更加明显。这也使得司法审查结果也更易获得认可。

3. 终局裁判性。根据我国法律以及法理通说，除了个别情形外，司法裁决具有终局性。“对法律问题而言，司法机关是最后一道防线，所以它的解释是最后的，最权威的……司法是法律上争议最后的决定者……关于法律问题，司法机关独有说‘最后一句话’的权限，亦即作最后决定的权限，最后由其来宣示‘法’是什么。”〔2〕此即赋予司法裁决超越了其他类型裁决的权威性以及可执行性，从而受到了欲获得救济的当事人的青睐。在大多数案件中，不少当事人会选择跳过复议直接诉讼，以节约救济成本。

与此同时，当前我国社会保险行政司法审查机制也存在着一些可能在短时期内较难克服的不足。这些不足之处从形成原因上看，可以分为两类：一类是司法队伍能力缺乏导致的专业性不足；另一类是现行司法审查机制缺陷导致的审查公正性不足。

司法队伍能力缺乏主要表现在两方面：

1. 法官人员数量不足。此为全国法院系统的通病。面对越来越多的案件，〔3〕法官人数增长并未能完全跟上，法官处

〔1〕《行政诉讼法》修改后，被告包括作出具体行政行为的行政机关和作出“维持”复议决定的复议机关。

〔2〕（台）翁岳生：《法治国家之行政与司法》，台湾月旦出版公司 1994 年版，第 334~335 页。

〔3〕有关社会保险行政案件数量快速增长的数据分析在本书第一章即呈现。

理案件往往疲于奔命。这一点在行政审判庭尤甚。据笔者了解，不少地方行政审判庭只能组成一个合议庭，一旦有原被告要求回避，就可能出现无人可派的现象。

2. 法官的非专门性。现代法治虽然不要求法官成为所有审判领域的专家，但是至少应该成为某个领域的审判专家。基于此，法院各业务庭均针对不同的案件类型配备了一定人手，像现代企业中的不同岗位安排不同业务能手一样进行分工。这一点在民庭、刑庭中尤为突出。在案件分配时，分配者往往会考虑合议庭成员是否熟悉该领域的法律，是否有该领域审判经验等。但在我国当前行政审判领域却可能难以做到，虽然当下可能是有史以来行政管理与服务最为庞杂的阶段，面对纷繁芜杂的行政管理与服务事务，即使是老道的行政官僚都需要不断学习，不断实践，否则就会难以应付。原因在于行政管理和服务领域的多样性和复杂性与现有行政庭审判力量薄弱之间的矛盾。此情形下，法官的专业化水平必然无法与行政复议人员相提并论。法官专业知识的不足，可能引致一个严重的后果，即对案件的法律判断可能依赖于被告一方的单方面说辞。因为原告一方很有可能也缺乏足够的专业性。而这种依赖可能影响法庭审判的公正。

司法审查机制的缺陷主要表现在以下几个方面：

1. 合理性审查的缺乏。在讨论该问题之前，有必要对“合理性”一词的内涵再进行说明。根据行政诉讼法的规定，人民法院对于被诉具体行政行为的合法性进行审查。然而，就“司法审查”的法律内涵而言，大致有三种：第一种是将司法审查等同于“违宪审查”。违宪审查制度起源于美国，该制度一般在三权分立比较彻底且实施刚性宪法的国家才可能存在。具体而言，它是指由法院审查判断行政机关制定的包括抽象行政行为在内的行政行为是否违宪，是最广义的司法审查，包括违宪审查和违法审查两个内容。[1] 第二种是法院依据宪法对涉案的行政行为是否违宪进行判断的制度[2]，这种制度属于一种狭义上的司法审查或者宪法意义上的司法审查[3]。第三种是最狭义的司法审查，指法院仅对行政行为是否违法进行审查，一般称为合法性审查[4]。我国目前适用的是第三种。这种司法审查起源于英国，产生于17世纪，英国王室为了集权的需要通过设立王座法院对本国行政机关的行政行为进行审查。后来经过慢慢地演变，王座法院成为普通法院，形成了如今最狭义的司法审查制度。[5] 司法审查仅对行政行为的合法性进行审查，体现了司法权对行政权的尊重，也体现了司法机关对自身专业能力不足的承认。然而这种合理的“谦逊”却有可能成为公民权利救济的缺憾，因为不少行政行为对相对人

---

〔1〕 龚祥瑞：《比较宪法与行政法》，法律出版社2003年版，第109页。

〔2〕 胡锦光：《中国宪法问题研究》，新华出版社1998年版，第95页。

〔3〕 由于学者们对司法审查总体含义不一，所以导致了广义的司法审查和狭义的司法审查的用语也很混乱，比如陈新民教授在其著作中将广义的司法审查定义为对法律的合宪性审查和对法律以下规范的合法性审查，而狭义的司法审查仅指对法律以下规范的合法性审查。参见陈新民：《中国行政法原理》，中国政法大学出版社2002年版，第305~306页。本书关于广义司法审查和狭义司法审查的定义是采用了胡锦光教授的分类标准，参见胡锦光：《中国宪法问题研究》，新华出版社1998年版，第95页。

〔4〕 王名扬：《美国行政法》（下），中国法制出版社1995年版，第565~566页；罗豪才主编：《中国司法审查制度》，北京大学出版社1993年版，第3页。

〔5〕 訾莉娜：《行政规定司法审查问题研究》，华东政法大学2014年博士学位论文。

权利的侵犯正是体现在合理性的缺乏上。[1] 我国传统行政法理论认为，行政行为的“合理性”一般存在于“自由裁量行为”中，而羁束行为则很少存在合理性问题。然而这一观点显然有所偏颇，“羁束行为”也可能存在合理性问题。如在对相同条件和背景的不同个体作出不同的行政处理决定等。[2] 相对一些具有自由裁量幅度的行政处罚行为而言，由于社会保险行政行为多数是羁束行为，而非自由裁量行为，因此所谓“合理性”问题主要是基于行政行为的一致性，即对于同样情况的个人，在行政审批时是否做到一视同仁。例如在社会保险行政诉讼中，某些行政审批项目，如特殊工种提前退休审批，是否对于不同的单位，或同一单位不同的人在审批结果上具有一致性。这种一致性虽然不影响行为的合法性，但是一致性的缺乏是一种明显的“不公”。因此，对于被诉具体行政行为的合理性审查也是原告迫切需要的。这对原告社会保险权利的保障也有重要意义。我国行政诉讼法长期以来对合理性审查的排除不能不说是一个缺憾。2014 年《行政诉讼法》修改，司法审查的依据增加了“明显不当”一项。有学者认为，此即说明我国司法审查确立了“合理性审查”。[3] 显然，此观点意图在我国法律未明确“合理性审查”的前提下，取道“明显不当”，以达到“随风潜入夜，润物细无声”的效果。然而，“明显不当”如何理解、如何将“明显不当”与“合理性”

---

〔1〕 我国行政诉讼理论界一直将“合理性”局限于自由裁量的幅度范畴，有失偏颇。

〔2〕 有关合理性问题的讨论，本书还将在后续的章节中继续进行。

〔3〕 何海波：“论行政行为‘明显不当’”，载《法学研究》2016 年第 3 期。

相关联、对于“明显不当”审查的强度如何等问题的解决都是作出上述判断的基本前提，亦是将对具体行政行为“明显不当”的审查落到实处的基本条件。这些问题没有解决之前，司法审查的合理性审查就很难落到实处。

2. “协调和解”未实现制度化且刚性较强。虽然《行政诉讼法》规定人民法院审理行政案件不适用调解，但是2006年发布的《最高人民法院关于妥善处理群体性行政案件的通知》已经规定，对于农村土地征收等群体性纠纷，法院要尽可能通过协调方式解决。各地亦照此精神规定了协调处理行政案件的规范性文件。可以说，“协调和解”作为司法层面的一种措施已经得到确立。然细观之，就会发现这些文件仅对法院的协调和解工作提出了工作要求，但却没有明确规定如何进行“协调和解”工作，[1] 而且由于《行政诉讼法》并未明确“协调和解”的正式法律地位，使得这一在我国法院系统运行了十多年的措施至今未实现真正完整的制度化。“协调和解”工作担负着解决疑难行政纠纷的重担，特别是针对可能引发不稳定因素的群体性争议，需要高超的技巧，丰富的功能和较强的可操作性。因此，“协调和解”不应是在最高人民法院文件上作简单的宣示性规定，再任由法官进行操作，而是应该有严密的制度设计。现行“协调和解”工作的另一个问题在于“刚性”太强。相较于民事调解，一起行政案件“协调和解”工作成功的唯一标准是原告撤诉，而撤诉的前提往往是被告愿意变更或撤销原具体行政行为。因而，“协调和解”的刚性大

---

〔1〕 相比之下，我国立法和司法机关均对民事诉讼调解制度作出了详尽完备的规定。

大增加，成功的概率则减小，非常不利于“案结事了”。

3. 举证责任的分配在实际适用中可能隐含对原告不利的因素。《行政诉讼法》规定，行政诉讼的举证责任由被告承担。之所以如此规定，主要是考虑通过举证责任倒置减轻原告的举证责任，以程序上的不平等实现行政诉讼上权利义务的实质平等。因此按一般理解，这种举证负担的倾斜是一种对原告有利的立法安排：一旦被告无法举证证明其具体行政行为的合法性，就要承担相应的不利后果。这个后果很有可能是败诉。然而，从现实来看，恰恰是这一举证责任的分配，可能导致被告在庭审中处于有利地位。具体理由如下：

（1）被告事实上引导了庭审的进行过程。由于被告需要对行政行为的全部内容进行举证，因此从庭审过程来看，基本上是被告陈述，原告反驳。在这一过程中，被告通过举证过程，如展示证据、对证据说明、通过法律逻辑对多个证据进行梳理形成证据链等进行举证。无论从时间把握，还是从内容多少，抑或从发言的主次来看，均由被告事实上引导了庭审的过程。

（2）原告事实上被边缘化。原告只对具体行政行为是否存在以及自己的起诉资格承担举证责任，其余时间主要是进行质证。由于行政诉讼的专业性，质证过程往往流于形式，无法真正对被告提出强有力的质疑。

（3）法官的作用难以充分发挥。举证责任分配意在明确各自的举证负担，但是一方是否因举证不能而承担不利的后果，承担什么样的后果，则由法官决定。如此，法官的作用和影响巨大。法官在此问题上不能回避，更不能不作为。[1] 我国法官的作用正经历从过于积极的“纠问式”向相对保守的“中立式”转变过程，如果此时面对专业性较强的社会保险事务，加之被告又负有“自证合法”之责，法官很容易“乐得无为”，从而有意无意地“放弃”了自身应有的审查判断之责。

4. 无法对行政规定进行审查。2014 年修订之前的《行政诉讼法》未赋予司法机关对行政规定的司法审查权。这种做法在尊重和维护了行政机关的行政权威的同时，也造成了不少行政侵权案件由于有行政规定作为依据而被“维持”，或者原告的诉请被“驳回”的情况。可以说，如果行政规定自身违法，并且造成对当事人的侵害，这种“侵权”较之个别的具体行政行为侵权，其危害性可能更大。近代以来，国家从“警察国家”、“夜警国家”向“福利国家”转变，政府由“守夜人”的消极角色转变成为人们“生老病死”提供服务的积极角色。[2] 现在我国正处在改革的攻坚期，需要政府进行管理的领域越来越多，行政领域越来越宽广，行政权膨胀趋势越发明显。在这种情况下，对行政权的监督就越发必要。[3] 新修订的《行政诉讼法》允许法院对于被诉具体行政行为所依据的行政规定进行审查，对违法的行政规定可以不予适用，同时可向制定机关提出处理建议等，但对司法审查中的核心问

---

〔1〕 不得不承认的是，目前我国诉讼法学界对举证责任的相关研究还不够深入，很多问题无法在理论上得到解决，更无法从制度上加以明确。

〔2〕 于安：《德国行政法》，清华大学出版社 1999 年版，第 212 页。

〔3〕 訾莉娜：《行政规定司法审查问题研究》，华东政法大学 2014 年博士学位论文。

题，即对行政规定能否直接进行司法审查的问题并未涉及。该法既没有赋予法院直接审查“红头文件”的权力，也没有赋予法院宣告它们违法或无效的权力。因而修改后的《行政诉讼法》能给当下法院对行政规定的司法审查带来多大的推动作用，我们只能拭目以待。

第二节　社会保险司法审查界限与强度问题

一、现有的研究概述

行政行为司法审查的界限与强度问题一直是学界研究的热点——这一问题涉及我国改革进程中行政与司法两大公权力的衡平问题。一直以来，我国的改革进程由政府主导，这已经是不争的事实。此时，司法审查应当成为一个衡平器，安全阀，并以此形成权力的平衡，从而保障公民权利。学术界对此问题的系统化研究始于20世纪。以德国为首的大陆法系国家首先展开了对行政裁量与不确定法律概念以及法院对其审查强度的理论研究。[1] 亚洲范围内，该问题研究主要发端于日本法学界。如司法权界限理论的创始人之一田中二郎博士于1949年在《法曹时报》上发表的“关于行政案件的司法法院的界限——司法权的界限”一文中剖析了行政权和司法权的特征，架构了相对于行政权的司法权界限论。他强调“在与行政权关系上的司法权界限”，原则上司法权不得侵犯行政机关的首次判断权；司法审查一般不涉及行政裁量事项；在承认特别权力关

〔1〕 李哲范：《行政诉讼司法权界限》，中国书籍出版社2013年版，第8页。

系的情况下，只要该权利的行使符合法律目的的范围，就会被排除于司法审查范围之外；在一系列程序中的何种阶段承认提起抗告诉讼应属于立法政策等问题。[1] 但这一观点遭到了渡边宗太郎、磯崎辰五郎、山田准次郎等学者的批判。在他们看来，"田中说"过度地保护了行政权的优越性，在结果上造成了司法救济的狭窄化；批判田中说基于演绎性、概念性的思考，在权力分理论或行政、司法的概念论这种抽象的层次上预先设定司法权所不能超越的本质性界限。在此基础上，对于性质不同的各种问题均从司法的界限中推导出来的思考，指出对于各种问题，应当分别对不同情况做出具体的分析。[2]

从国内学者的研究看，亦取得一些成果。杨建顺教授可能是国内最早触及司法权及行政诉讼审判权界限问题的学者。他在《行政法学研究》1999 年第 4 期发表的《行政诉讼的界限及行政法学研究的课题》一文中，从权力分立的原则、尊重行政机关首次性判断权的原则、行政的专门技术性和司法的政治中立性等方面分析了司法权界限论的论据；在《公共选择理论与司法权的界限》一文中，提倡将公共选择理论运用于有关司法审查的广泛领域，为制度架构和权力配置提供了理论支持和新的视角。胡锦光教授侧重于从宪法角度探究审判权的界限。他在《论审判权的界限》及与张德瑞博士共著的《论人民法院行使审判权的自律性——兼及审判权的界限问题》一文中，在分析审判权与司法权关系的基础上，从案件性原则，中立性原则，合法性原则和回避国家行为审查原则等方

---

〔1〕 李哲范：《行政诉讼司法权界限》，中国书籍出版社 2013 年版，第 8 页。
〔2〕 李哲范：《行政诉讼司法权界限》，中国书籍出版社 2013 年版，第 8 页。

面，结合英美法系和大陆法系国家司法权所具有的不同界限，探讨了审判权界限存在的原理、情形以及存在的问题。[1] 其特点在于从宪法角度探讨了法院对国家行为、合法性审查方式等问题中存在的司法权界限。杨伟东教授在其专著《行政行为司法审查强度研究——行政审判权纵向范围分析》（2003 年版）一书从比较法角度分析世界主要国家在审查强度上的做法，并从我国现有的法律规定出发提出现实中存在的审查强度问题，尝试提出变革思路，为我国行政诉讼审查强度研究提供基本的思路和未来的设想。近年来，这方面研究随着行政诉讼法的修改亦出现了一些新的成果。较有代表性的是何海波教授的《论行政行为“明显不当”》[2]，从“形式审查”与“实质审查”的视角对这一问题进行了深入思考。

本部分所讨论的界限与强度问题，也有学者统称为广义的司法审查范围问题，即横向范围与纵向范围。前者指司法审查受理案件的范围；后者则指法院受理当事人起诉后，究竟在多大程度上对行政行为进行审查的范围，有学者称之为“审查强度”或“审查密度”。其主要包括以下一些范畴：合法性审查的深度、事实问题与法律问题审查、行政裁量的审查等。本节将聚焦于社会保险类案件，就上述问题展开讨论。

二、社会保险司法审查的界限问题

狭义的司法审查界限问题，一般而言主要体现在司法审查

---

〔1〕 胡锦光、张德瑞：“论人民法院行使审判权的自律性——兼及审判权的界限问题”，载《上海政法学院学报》2005 年第 4 期。

〔2〕 何海波：“论行政行为‘明显不当’”，载《法学研究》2016 年第 3 期。

范围、行政裁量、法律规范适用以及人民法院审判机构之间的权限划分等问题上。并非所有事项都当然由法院管辖，行政诉讼司法权的管辖范围受到特定的原则限制，这个原则通常被称为“可裁判性”或“处分性”原则。在美国，对于联邦法院而言，一项争议要具有可裁判性，必须具备下列条件：①属于美国宪法第 3 条规定意义上的“案件”或“争议”；②原告必须具备诉讼主体资格；③案件必须具备成熟性；④案件必须具有现实意义；⑤案件不能构成政治问题。而且每一个条件都构成限制司法权的原则。〔1〕

就我国的行政诉讼法而言，所谓的“司法审查界限”主要体现在行政诉讼法中有关“受理范围”的条文中。〔2〕此外，最高人民法院在《关于规范行政案件案由的通知》（法发［2004］2 号）中，曾经对各类行政案件的案由进行归纳，并且规定：行政作为类案件案由的结构为：“管理范围+具体行政行为种类”。行政不作为类案件原则上仍适用作为类案件的两种构成要素的结构，但又要体现此类案件的特色，其确定方法是：以“诉”作为此类案件案由的第一个构成要素；以行政主体的类别作为第二个构成要素；以不履行特定行政职责或义务作为第三个构成要素。〔3〕如果以这些条文涵摄我国现有各种社会保险案件，大致可以将人民法院受理的社会保险行政

〔1〕李哲范《行政诉讼司法权界限》，中国书籍出版社 2013 年版，第 82 页。

〔2〕见《行政诉讼法》第二章。

〔3〕参见《最高人民法院关于规范行政案件案由的通知》（法发［2004］2 号）“一、行政案件案由的构成要素和确定方法”。

案件分为以下几类：[1]

1. 社会保险行政确认类案件：参保审核。该类案件主要是指用人单位或劳动者要求参加当地社会保险，[2] 但当地社会保险经办机构予以拒绝，从而引发的行政争议案件。由于社会保险参保登记是一个用人单位或劳动者参加社会保险，享受社会保险利益的前提条件和初始程序，故此行为对申请人的权利义务有较大影响。由于目前各地方均对参加地方社会保险采取相对较为宽松的准入门槛，如 H 市将外来从业人员一并纳入 H 市城镇社会保险体系，故而此类争议从绝对数量上看并不大，这一点从之前的数据中可以看出。

2. 社会保险行政征收类案件：社会保险费征缴。该类案件包括两种情形：一是指用人单位或个人认为其已经按时足额缴纳了社会保险费，但社会保险费征缴机构仍然向其发出了补缴通知书令其补缴，甚至加收滞纳金，科以罚款。[3] 此时如果被征缴人不服，就会引发行政争议；二是指参保人（或单位）社会保险征收机构多扣缴了其预存在缴费银行卡中的钱款，从而引发诉讼。

3. 社会保险行政确认类案件：账户信息调整。在社会保

---

〔1〕 以下分类系作者依据自身工作与研究经验进行的学理分类，无法律或其他规范性文件的具体规定作为依据。其他学者亦可根据自身研究成果另行分类。

〔2〕《社会保险法》第 57 条第 1 款规定："用人单位应当自成立之日起 30 日内凭营业执照、登记证书或者单位印章，向当地社会保险经办机构申请办理社会保险登记。社会保险经办机构应当自收到申请之日起 15 日内予以审核，发给社会保险登记证件。"

〔3〕《社会保险法》第 86 条规定："用人单位未按时足额缴纳社会保险费的，由社会保险费征收机构责令限期缴纳或者补足，并自欠缴之日起，按日加收万分之五的滞纳金；逾期仍不缴纳的，由有关行政部门处欠缴数额 1 倍以上 3 倍以下的罚款。"

险管理信息化的大背景下，诸如连续工龄、缴费额等信息都被统一归于个人社会保险账户，存储于社会保险管理部门的数据库中。社会保险个人账户的信息直接决定个人社会保险待遇，因此对于账户信息的调整往往也会成为产生争议的原因。以H市养老保险个人账户为例，一般而言会记载诸如1992年底前的连续工龄，1993~1997年缴费数额以及1998年以后直至到达退休年龄当月的本息储存额。按照H市养老保险待遇的计算方法，此类信息均与养老金待遇水平直接挂钩。如果参保人认为自己的信息记载有误，可以向社保经办机构申请调整。如果此时社保经办机构拒绝调整，或者调整内容与申请内容不一致，就可能引发争议。从前述数据看，此类争议数量较多。

4. 社会保险行政给付类案件：社会保险待遇核发调整。社会保险待遇的核定、发放与调整是关系到参保人社会保险利益最大的环节，因而也是引发争议最多的环节。这一点从前文所引数据亦可佐证。从现实看，由于社会保险信息化的发展，因为纯粹计算错误而引发的争议几乎没有，多数此类争议实质上系因个人账户中的信息争议引发的待遇争议。例如，某参保人认为其养老金待遇计算错误，从而提起行政诉讼。经过分析发现，其中关键在于社保经办机构记载的其1992年底前连续工龄与本人认为的工龄有差距，从而导致了养老金数额的差异。此类案件可以说是社会保险个人账户信息争议的延伸，因为其发生在待遇核发环节，因此显现出来就是待遇核发的争议。社会保险待遇核发争议中较多的另一类争议是工伤保险待遇争议。工伤保险虽然相对而言是一个小险种，但是却较容易引发争议。从经验上看，主要是两类：工伤认定争议和工伤保险待遇争议。前者是用人单位或劳动者与工伤认定机构的争议，不属于社会保险待遇核发争议；后者则是工伤认定后工伤保险待遇核发的争议，属于社会保险待遇核发争议。

5. 行政不作为类案件：要求履行法定职责。“履行法定职责”既是行政法理论上行政机关应当承担的法定义务，亦是行政诉讼法上的一类诉由。在社会保险行政争议中，有一些无法归入前几类的，可以依申请行为，比如要求社保经办机构提供缴费记录、要求社保经办机构答复有关问题等，归入“履行法定职责”类案件。此类案件的总体数量不高。

6. 社会保险其他案件。除以上争议外，还有一些无法归入上述几类的案件（如行政处罚案件）作为“其他”类案件。此类型亦为通常所说的“兜底”类型。“其他”类案件的数量亦较少。

以上类型的案件基本上构成了社会保险司法审查的范围。可以看出，社会保险行政案件的类型及其内容是相对比较清晰的，主要围绕社会保险行政行为展开。

三、社会保险司法审查的强度问题

社会保险司法审查的强度，又称为“纵向界限”，一般是指司法机关究竟在多大程度上对行政行为进行审查。[1]国外学界还有一个与“审查强度”配套的概念——审查基准。审查

---

〔1〕 国内亦有学者将“审查强度”与“形式审查”和“实质审查”这一对概念相联系。

基准即反映审查强度的刻度，“审查强度”和“审查基准”实际都是权力制衡的体现。由于我国的行政司法审查一般只能审查具体行政行为的合法性，因此一般而言，司法审查的强度主要体现在三方面：①对行政机关职权依据的审查；②对行政机关做出具体行政行为过程的审查（此项审查既包括对事实证据的审查，亦包括对行政行为各环节以及整体过程的审查）；③对于行政行为适用法律法规依据的审查。依笔者的经验看，我国司法机关对于这三者的审查深度、纠问强度以及对于证据的审查力度决定了司法审查的强度。以下结合上述三个方面，着重就社会保险行政案件的审查强度分述之：

1. 对行政职权依据的审查。根据《行政诉讼法》的规定，法律或法规、规章[1]均可授权社会保险经办机构从事社会保险具体行政行为。根据《社会保险法》第 8 条规定，社会保险经办机构提供社会保险服务，负责社会保险登记、个人权益记录、社会保险待遇支付等工作。这就意味着在法律层面赋予了社会保险经办机构上述行政权力，可以作出相应的行政行为。但如果司法机关的审查到此为止，则其审查强度仍较弱。因为我国虽然是单一制国家，但行政权力是分层设置的，对于同一种职权，不同层级的行政机关（机构）获得的职权大小和范围是不同的。因此司法审查应当进一步审查被告是否具有明确具体的授权。以 H 市社会保险征缴权为例，根据 H 市社

---

〔1〕 对于授权文件的规定，1989 年通过的《行政诉讼法》仅规定行政机关和法律法规授权的非行政机关组织可以作出行政行为。但根据最高人民法院《关于执行〈中华人民共和国行政诉讼法〉若干问题的解释》的规定，规章亦可授权。2014 年修订的《行政诉讼法》延续了上述司法解释的规定，允许行政机关和法律、法规以及规章授权非行政机关组织作出具体行政行为。

会保险征缴办法，只有该市市级社保经办机构才有权征收社会保险费，而区县社保经办机构则无权作出征缴行为。如果区县社保经办机构以自己的名义进行征缴，则属于越权无效。还有一种情况，被诉具体行政行为是一项较为具体的行为，该行为在授权的法律规范中并未明确写明，而是隐含在某项概括职权之中。比如对行政相对人的连续工龄的认定权，此项职权并未在任何法律、法规和规章级别的文件中明确规定。而是在《H市城镇职工养老保险办法》〔1〕第8条规定，社会保险经办机构有权管理个人养老保险账户，〔2〕而职工连续工龄即为个人养老保险账户的内容之一。因此，社会保险经办机构有权对此进行认定。此时，如果司法机关不仔细深入询问，有可能无法搞清到底社会保险经办机构为何具有认定工龄的职权，造成对职权依据的审查不清。

2. 对具体行政行为过程的审查。具体行政行为必然是一个过程，然后才能产生结果。从另一层意义上说，执法的过程也是执法证据形成的过程，因此对执法过程的审查包含了对执法的事实证据的审查。根据我国行政诉讼法学的分类，行政行为可以分为依申请行为和依职权行为。如果是依申请行为，则

〔1〕该《办法》由1994年4月27日上海市人民政府令第63号发布，根据1997年12月19日上海市人民政府第54号令修正，根据1998年9月3日上海市人民政府令第59号修正，根据2010年12月20日上海市人民政府令第52号公布的《关于修改〈上海市农机事故处理暂行规定〉等148件市政府规章的决定》修正并重新发布。

〔2〕《社会保险法》第8条规定："社会保险经办机构是具体承办养老保险事务的机构。其职责是：①负责养老保险费的收缴和养老金的支付；②管理个人养老保险账户；③接受单位和在职人员、退休人员对养老保险情况的查询；④办理市人力资源社会保障局委托或者授权办理的其他事务。"

必须审查申请人申请，行政机关受理、审核、作出结论等环节所形成的证据，并由被告通过解释说明对整个行政行为的过程进行审查。如果缺少上述任何环节，司法审查都是不完整的，未达到应有的强度。以个人申领养老保险待遇为例，一般须审查以下几个步骤：①是否有申请人的申请；②行政机关受理（或不受理）是否有依据，程序是否合法；③受理后审核过程是否合法，是否符合程序要求；④作出的结论是否符合事实与法律法规、规章的规定，程序是否合法等。从以上环节看，司法机关在每个环节均有一定的自由裁量权。而所谓的司法机关"形式审查"与"实质审查"也主要体现在这一阶段。一般而言，所谓形式审查，是指在司法审查中，对被告行政机关提出的证据及其解释的内容只进行表面审查，即只要不出现明显的不真实情形，如明显的涂改、前后逻辑混乱或其他明显伪造、变造的痕迹，就不对文件的来源和其内容是否真实进行审查。所谓实质审查，是指在审查过程中，对行政机关提出的证据，不仅要对其表面证据进行审查，也要对证据所反映的内容或主张的真实性进行审查。目前，司法机关的审查主要秉持的是形式审查的理念，这主要是基于对行政机关提交的证据的尊重和信任，同时也是受到法院人手短缺的限制。然而，如果在庭审过程中，原告对被告行政机关提出的证据的真实性、合法性以及法律效力质疑，此时，司法机关如何处理，是否依然坚持形式审查，确实是一个值得讨论的问题。例如，在庭审时原告认为被告行政机关提交的一份关于其曾经在1990年被判刑的间接证据（无判决书，仅有档案中某一个时期由某单位填写在表格中的某一信息为佐证）有误，并且举出另一份间接证据证明其仅仅是治安处罚，此时司法机关仅凭形式审查的理念恐难决断，需要进一步分析和调查，至少应当对原告的人事档案进行详细的查阅，以搞清其是否判刑这一事实。难以决断的另一个原因在于我国目前尚无明确的行政诉讼证据效力规则，2002 年实施的《最高人民法院关于行政诉讼证据若干问题的规定》（法释［2002］21 号）也未对此做出规定。笔者认为，此时司法机关可能有这几个选择：①继续询问双方当事人，通过其他证据对待证事实进行佐证，然后经法官自由心证产生结果；②直接认可某一方面的证据（实践中更多是认可被告的证据）；③根据线索依职权自行前往有关部门调取证据。质言之，选择①和③已经从形式审查转变为（部分或完全的）实质审查，而选择②则继续秉持形式审查。从案件处理效率角度，显然选择②较优。然而，如果从更加公平正义的角度，则应该考虑选择①、③。因此，实践中对被告具体行政行为过程的审查亦有可能由形式审查过渡到实质审查。而两种审查的"过渡"在社会保险行政诉讼中可能大量存在。以养老保险为例，分析其原因在于：我国养老保险待遇的核定往往以本人的工作经历为重要参数。而工作经历主要记载于个人档案中，因此一旦发生争议，对档案的查阅和记载事项认定工作就显得很重要。而我国长期以来人事档案记载、管理混乱，导致不少人的劳动工作经历记载存在前后矛盾、内容缺失等情况。而人事档案是工龄认定的基础，工龄又是养老金的重要参数，因此在审核发放养老金时，往往涉及查阅档案和认定工龄。如果个人对工龄认定结果不服，很可能以养老金计算错误为由而提起诉讼。可以说，社会保险行政争议中，形式审查与实质审查的问题会在司法机构面前交织存在，很难分隔与取舍。有时，司法机关会在形式审查中不知不觉“过渡”到实质审查。而这种“过渡”显然是公正审判所必需的，也是更好的保障公民社会保险权利所必需的。如果司法机关以“形式审查”为由，放弃甚至拒绝这种“过渡”，在“实质审查”的门前徘徊而不入，恐难以做到公正审判，亦难以使原告和公众信服。

3. 对行政行为适用法律规范的审查。前文已述，由于我国现行行政管理和行政服务的基本格局和相应立法的特点，大量行政行为所依据的法律规范既包括法律、法规、规章等，也包括一些地方行政机关自行制定的规范性文件（行政规定），甚至更为低层次的“操作口径”等。长期以来，学界普遍认为对于后者的审查当然应成为司法审查的重要组成部分，但却一直未能付诸立法。此次修订后的《行政诉讼法》第 64 条规定：“人民法院在审理行政案件中，经审查认为本法第 53 条规定的规范性文件不合法的，不作为认定行政行为合法的依据，并向制定机关提出处理建议。”此规定可以视作是对长期以来学界呼声的一个不那么圆满的回应。早在 2004 年，最高人民法院为解决“审理行政案件适用法律规范的问题”发布了《关于审理行政案件适用法律规范问题的座谈会纪要》（以下简称《纪要》）。该《纪要》对于本书所述的“规范性文件”的定位为“有关部门为指导法律执行或者实施行政措施而作出的具体应用解释和制定的其他规范性文件”。根据该《纪要》，司法机关审查上述文件，以“合法、有效并合理适当”为标准。应该看到，《纪要》的这一规定解决了最高人民法院

《关于执行〈中华人民共和国行政诉讼法〉若干问题的解释》[1] 中对于规范性文件适用标准模糊的问题。按照该标准，只要司法机关认为行政行为所依据的规范性文件“合法、有效并合理适当”，即可判定其合法并且可以作为具体行政行为的依据。因此，对于规范性文件是否“合理、有效并合理适当”的审查，亦是体现司法审查强度的标准之一。

实践中，司法机关对行政行为适用法律规范的审查主要针对二个方面：一是具体行政行为所对应的法律法规规章依据是什么，二是这些依据是否“合法、有效并合理适当”。从审查强度角度看，强度较弱的审查一般具有几个特点：①只要求法律依据的文字表述与具体行政行为大体一致即可，而不要求完全一致；②如果出现较明显的不一致，仅需要行政机关在庭审中做出口头解释即可，且此解释一般不需要严格遵循法律解释方法；③对行政机关发布的规范性文件（非法律、法规、规章）的效力，只要其未被废除或过期，一般即认可其法律效力，而不对其是否符合法理，是否切合实际，是否因为时过境迁而难以适用等方面问题进行严格审查。可以想见的是，此种审查难免会面临两个问题：一是原告的诘难。原告如果了解一定的法律知识，尤其是有关法律效力层级的知识，可能会提出被告所依据的规范性文件的效力问题，如内容是否与上位法冲突，也有可能原告认为被告的具体行政行为内容与规范性文件依据的内容不一致；二是司法机构内部的不同意见。这种不同

---

〔1〕 最高人民法院《关于执行〈中华人民共和国行政诉讼法〉若干问题的解释》第62条第2款规定：“人民法院审理行政案件，可以在判决文书中引用合法有效的规章及其他规范性文件。”

意见既包括合议庭内部的不同意见，也包括上级法院的不同意见。为了克服上述困难，同时也有可能是顺应法官内心需求，[1] 司法机关对文件的审查的强度往往会随着庭审进行而深入与加强。其表现可能是要求被告进一步解释说明其行为与规范性文件的关系，也可能是要求被告进一步说明规范性文件的法律效力，说明其如何克服与上位法的冲突，或者在下位法造成对原告权利的扣减时，要求被告说明原因，亦有可能是在举证责任分配的基础上，增加被告的举证标准等。当前，面对行政致力于公民福祉之积极保障而使得公权力触及公民生活各个领域的情势，法院逐渐趋于从激进而僵硬的权力控制者演化为能动而灵活的国家福利助推者。也即，当下行政国时代的法院不仅是一个权力监督部门，还扮演着一种积极回应公众需求的角色。[2] 显然，在社会保险行政司法审查领域，法院的作用应当而且能够更加突出，因为国家福利、社会保障等问题正对应了社会保险事业的基本职能。社会保险事业在我国的快速发展，背后不可避免地存在大量政府职能部门为了推动改革、提升效力而自发颁布的文件，而由于上位法无法及时跟进，冲突不可避免。此时就要求司法审查机构拥有高超的法律适用（解释）技巧，既保持了司法审查应有的强度，又不至于过分干涉行政职权。

以上是对社会保险行政案件司法审查强度做了一个简要的

---

〔1〕 这种内心的需求可能来自对公正审判结果的追求，也有可能来自对于弱势群体保护的怜悯之心。

〔2〕 黄娟："论行政法规范解释的司法审查——基于 90 个工商行政管理案例的分析"，载《华东政法大学学报》2012 年第 6 期。

分析。司法审查强度是行政司法审查的核心问题之一，如何把握其中的“度”，显然还需要根据个案加以讨论，而非按照统一的规则进行。

第三节　社会保险司法审查的若干显著难点

社会保险事业具有其特殊性，因此其司法审查过程中也有特殊的难点。这些难点既是被告举证、说明的难点，也是法院进行判别、裁断的难点。本节总结了困扰社会保险司法审判的四个重要而又显著的难点：“历史遗留”问题、“民行交叉”问题、“群体性争议”问题和“转化型争议”问题，并对其进行了分析。

一、“历史遗留”问题

“历史遗留”问题并非严格意义上之法律问题，也难以在法律上下一个严格的定义，[1] 但不可否认的是，目前的各级各类审判中遭遇“历史遗留”问题的可能性却不小。综合而言，司法意义上的“历史遗留”问题一般是指在制度变迁中，由于不同时期制度的差异导致的审判上的法律适用问题和其他各种挑战。众所周知，新中国成立以来我国社会制度的发展大

〔1〕 有观点认为“历史遗留”问题是一些涉及群众利益纠纷，因激烈程度加剧或处置方式不当，一时难以协调解决，逐步积累下来的矛盾。但本书认为，这一定义显然失之偏颇，它忽略了我国各历史时期积累的，并在当前爆发的各类矛盾。参见游麒麟：“在稳定工作中预防和化解历史遗留问题的对策研究”，载《上海政法学院学报》2003 年第 1 期。

致可以分为计划经济（含后期的“商品经济”）和市场经济两个阶段，从时间上看大约是以1993年为界分。在各个特殊历史时期存在着各自特殊的，带有较强烈时代烙印的具体制度，而这些制度又无法相互衔接，这就造成了司法适用的困难。而且制度的前后差异也导致了同一行为在不同时期其合法性判断可能截然不同。举例而言，在计划经济时期的违法甚至犯罪行为，在市场经济时期可能是合法的。从而导致一个后果：计划经济时期获罪，从而丧失社会保障福利待遇的人，如果其“罪行”在市场经济时代被认为不构成犯罪，甚至完全合法，此时如何对待其已经丧失的社会保障待遇？从此意义上说，我国司法审判中的“历史遗留”问题除了普遍意义上的法律适用困难和矛盾外，还被赋予了一个特殊的使命——“化解”[1] 特殊历史时期某些政策导致的权利侵害难题。在案件的审理过程中，不少法官会在判决书中直接写明“此案涉及‘历史遗留’问题”，从而为接下来的“化解”做铺垫。在具体处理含有“历史遗留”问题的纠纷时，法官可能有两种截然不同的思路：第一种思路是将对于案件事实的解读置于当时的历史环境下，以当时的历史语境还原文件的含义，并以此涵摄案件事实，从而得出法律上的逻辑结论。此种逻辑的结论一般是维持当时的处理结果。第二种思路则是以现在的眼光和价值观衡量当时的文件内容和精神，根据《行政诉讼法》的规定来决定是否适用该文件，从而得出案件结论。此种逻辑

---

〔1〕“化解”一词亦非法律概念，但常见诸我国各级各类正式文件、官方报纸及领导人讲话，其大意约为“消化、解决”。例如王晓东：“提高化解矛盾的能力和实效”，载《人民日报》2015年3月12日，第7版。

的结果则很有可能与第一种思路的处理结果大相径庭。

社会保险行政争议可以说是最有可能包含“历史遗留”问题因素的争议类型，这与我国社会保险事业的改革历程密切相关。我国社会保险制度经历了一个从“苏联模式”的“国家保险”到用人单位大包大揽的“单位保险”，再到市场化的“社会保险”的过程，制度变迁十分显著。由于改革的快速推进，在前期的大量政策并未进行仔细的甄别、修订和清理的前提下，新的制度又被制定出来，加之我国一直没有确立起明确的法律适用位阶，导致大量计划经济年代制定的文件仍然在当前社会保险行政执法中被运用。其中比较明显的例子是关于“工龄认定”的文件规定。前文已述，在我国市场化的社会保险制度确立之前，员工的工龄意味着对员工所作社会贡献的记载，因此，对于所有在社会保险制度市场化改革之前参加工作的员工而言，工龄是员工获得养老金（退休工资）的重要依据之一。由于历史原因，对员工工龄的计算和确认管理涉及劳动、人事、总工会、公安、民政、内务（公安部门的前身）等多个部门，呈现多头管理状态，因而可能涉及许多文件，工龄的计算和确认也受到多重因素的影响。而囿于历史原因，这些政出多门的文件，互相之间既缺乏协调，也无明确的上下级关系，在适用时很难做到体系化。更为严重的是，这些文件中不少内容有违现代社会主义法治理念，违反市场经济基本规则，与现行法律制度相抵触，甚至侵犯公民的基本合法权益。但如果简单地在司法审判中否定这些制度，甚至“翻案”，又必然会引发其他曾经受到同样处理的社会成员的激烈反应，从而产生新的争议，破坏既有秩序。因此从公共政策角度考量不宜如此决断。此点对于涉及面广泛的社会保险而言尤其重要——有时候一个对涉及历史遗留问题案件的判决可能对一大批人产生影响。虽然我国不是判例法国家，判例一般不具有对后续同类案件的拘束力，但其对社会的影响力和冲击力是不言而喻的。质言之，社会保险中的“历史遗留”问题既是司法中的法律适用问题，更是社会主义市场经济背景下司法对个体权利保障的基本职能和考量公共政策、维持秩序稳定功能之间的矛盾。因此对于社会管理者而言，简单的以“非黑即白”的思路判断“历史遗留”问题的处理方式，可能是不理智的。这也是“历史遗留”问题难以处理的关键所在。由于社会保险关乎社会绝大多数个体的基本生存权、健康权，因此这对矛盾显得尤为突出，也时刻考验着法官们的智慧与胆魄。[1]

二、“民行交叉”问题

“民行交叉”问题是司法机关可能面临的疑难问题之一。理论界和司法界对此问题的关注自 1997 年“高永善诉焦作市影视器材公司房产纠纷案”[2] 起，至今已延续了近 20 年。民行交叉案件一般是指在案件审理过程中，同时存在需要解决的行政、民事争议，两种争议的内容具有关联性，处理结果互为

〔1〕在不少时候，涉及“历史遗留”问题的社会保险案件处理已经不是司法机关能够独立解决的了，需要政府、社区共同合作，这也是当前社会矛盾化解的一个基本思路。

〔2〕该案有不少论文均涉及，具体案情可参见王光辉：“一个案件，八份判决——从一个案例看行政诉讼与民事诉讼的交叉与协调”，载《中外法学》1998 年第 2 期。

因果关系或互为条件的案件。[1] 这些案件本质上是民事主体之间发生的民事争议，但由于行政行为的介入，使得民事争议复杂化。我国当前立法对于此类案件缺乏有效的规制。前述“高永善诉焦作市影视器材公司房产纠纷案”发生后，要求在立法上确立行政附带民事案件的呼声很高。为此，《最高人民法院关于执行〈中华人民共和国行政诉讼法〉若干问题的解释》中规定了在行政裁决情况下的“一并审理”制度作为回应，[2] 但因其适用范围太窄，仍然无法彻底解决现实中层出不穷的此类案件。2014 年修订的《行政诉讼法》对解决“民行交叉”案件的审理问题重新作了规定。根据该法第 61 条的规定：“在涉及行政许可、登记、征收、征用和行政机关对民事争议所作的裁决的行政诉讼中，当事人申请一并解决相关民事争议的，人民法院可以一并审理。”根据该条规定，可以适用行政附带民事诉讼的案件范围大大放宽。同时，根据《最高人民法院关于适用〈中华人民共和国行政诉讼法〉若干问题的解释》的规定，不能附带审理的民事争议包括：①法律规定应当由行政机关先行处理的；②违反民事诉讼法专属管辖规定或者协议管辖约定的；③已经申请仲裁或者提起民事诉讼的；④其他不宜一并审理的民事争议。然而这一规定是否能够真正解决现实中大量民行交叉案件的审理问题，可能还有待时间的检验。

社会保险类行政案件遭遇“民行交叉”的可能性较大，

---

〔1〕 杨建顺：“行政、民事争议交叉案件审理机制的困境与对策”，载《法律适用》2009 年第 5 期。

〔2〕 该制度受到三个条件的限制：①被诉具体行政行为是被告对平等主体之间的民事争议所作出的行政裁决；②被诉行政裁决违法；③民事争议当事人向法院提出一并审理的要求。这三个条件缺一不可。

从本书第一章的数据分析结论看，大量社会保险争议，特别是养老保险待遇的核发争议均具有“民行交叉”属性。其根本原因在于随着我国经济社会的发展，各种社会利益相互交织，各种社会关系日趋复杂，尤其是伴随着社会权意识的提高和普及，人们对行政权介入的期待和依赖程度越来越高，行政权介入人们生活的广度和深度也随之不断扩展，越来越多的民事活动被置于行政规制之中。[1] 社会保险权利作为最典型的社会权，不可避免成为“民行交叉”案件的典型类型。现实中最为明显的是劳动关系纠纷和养老保险权利纠纷的交叉。如在某用人单位中，单位认为某员工已经达到法定退休年龄，应当终止劳动合同并申请办理领取养老金手续，但员工个人却认为自己尚未达到法定退休年龄，既不应退休，也不应办理领取养老金的手续，由此产生纠纷。之所以会出现这种情况，与我国现行的退休制度有关。《劳动合同法》规定，达到领取养老金年龄的，劳动合同终止。但是我国现行社会保险法却没有明确规定退休年龄，目前我国实施的退休年龄是在 1978 年出台的《国务院关于安置老弱病残干部的暂行办法》和《国务院关于工人退休、退职的暂行办法》中规定的[2]。根据该文规定，我国的退休年龄为：男性年满 60 周岁退休，女性工人年满 50 周岁退休，女性干部年满 55 岁退休。后来随着企业打破干部工人身份界限，实行全员合同制，政府有关部门又将“女性

---

〔1〕 杨建顺：《行政规制与权利保障》，中国人民大学出版社 2007 年版，第 45 页。

〔2〕 此二文件文号均为国发［1978］104 号，系国务院发布的行政法规，并由全国人大常委会原则通过，具有法律效力。

干部”解释为“女性管理技术岗位工作人员”。正是这一解释导致了大量争议的产生。不少单位将诸如会计、出纳等岗位纳入工人岗位，即50岁退休岗位，但这些女员工则认为这些岗位具有明显的“管理性”和“技术性”，因此应该55岁退休，合同不能在50岁时候终止。用人单位为了终止劳动合同，前往社保部门为员工强行办理了养老金申领与核定手续，造成了“该员工已办理退休”的既成事实。这类案件本质在于用人单位想通过办理养老金核定手续，借行政权力达到终止劳动合同的目的，核心仍是劳动合同终止争议，但却因行政确认程序的介入变得复杂。[1] 类似的案件还有“缴费基数确定案”。缴费基数是用人单位根据劳动者的工资确定的，如果劳动者对缴费基数有异议，应当提起劳动争议仲裁，此类案件在法院系统属于民事案件，然而一般情况下劳动者并不会单独就缴费基数提出劳动争议仲裁。在涉及社会保险待遇时，劳动者往往会主张单位少漏缴社保费，进而要求按照其实际缴费计算社会保险待遇。（社会保险缴费基数与多项社会保险待遇直接关联，如工伤保险待遇。）此时就会产生“民行交叉”问题。遇到此类问题，不少原告在“到底应该先告社保部门，还是先告用人单位”之间来回摇摆不定。跟当事人的犹豫类似，法院亦在如何实施行政附带民事诉讼问题上缺乏明确的指引。虽然新的《行政诉讼法》出台看似在法律上解决了合并审理的障碍，但却难以在短期内付诸实施。原因有三：其一，一类新的诉讼类型在法律上出现，其“落地”需要经过地方法院系统提出具

---

〔1〕关于“退休”与“领取养老金”的关系较为复杂，涉及计划经济下的“退休”制度与市场经济下的“领取养老金”制度的衔接问题，在此不作展开。

体的“实施方案”，否则便无法实施。这已经是各级法院对待新法的基本态度和处理方法。因此即便有了上位法的支撑，社会保险“民行交叉”问题在缺乏地方法院“实施方案”之前依然难以得到解决。其二，与社会保险案件交叉的民事案件大多是劳动案件。按照我国现行的劳动争议处理仲裁前置制度，劳动争议并不完全属于法院的管辖范围，如果直接由法院审理会造成程序违法。其三，如果让行政庭一并处理民事争议，势必打破现存业务庭“各司其职”的格局，也会对行政庭法官的知识结构和素质提出新的挑战。这些都是实施新制度的障碍。

三、“群体性争议”问题

一般而言，“群体性争议”〔1〕是指在传统的“两造诉讼”基础上，原被告中有一方或者双方为多人（三人以上）的诉讼。就我国的诉讼法而言，目前仅在民事诉讼中有相关概念和程序规定，〔2〕而在行政诉讼法和刑事诉讼法中尚不存在。“群体性争议”由于参与人数众多，争议标的往往较大或者较为复杂，如果处理不周可能引发“群体性事件”〔3〕。目前民事争议中出现比较多的“群体性争议”主要是消费者权益争

---

〔1〕又称“群体性纠纷”，在本章中专指诉讼意义上的“群体性诉讼”，不包括在其他纠纷解决机制中或尚未进入纠纷解决层面的集体纠纷。

〔2〕此类民事诉讼在我国民事诉讼法中被称为“共同诉讼”，包括必要共同诉讼和普通共同诉讼。

〔3〕目前国内发生的“群体性事件”，可根据2004年中共中央办公厅颁布的《关于积极预防和妥善处置群体性事件的工作意见》来界定，即群体性事件是“由人民内部矛盾引发、群众认为自身权益受到侵害，通过非法聚集、围堵等方式，向有关机关或单位表达意愿、提出要求的群体性上访等群体性事件及其酝酿、形成过程中的串联、聚集等活动。”

议、农村土地权属争议、动拆迁引发的争议等。可以想见的是，处于转型期的中国社会由于各种原因，“群体性争议”将会长期存在，群体性的行政诉讼亦为其中当然之意，难以避免。

社会保险行政争议中出现或引发“群体性争议”的概率可能大于其他种类的行政争议，这是由社会保险事业的特征和我国社会保险制度的发展历程决定的。从第一章的数据看，一旦出现“群体性争议”，当年的争议数量就会大幅度上升，比如2015年的一审案件数据。究其原因，一则，社会保险具有广泛性、政策性等特征，这决定了一个案件可能有多个原告，或者虽然原告只有一个，但其背后却有几十个甚至上百个类似情况的个体，因为引发这些争议的问题可能来自同一个社会保险政策。此即意味着一个案件的处理结果可能会影响一个群体的利益，如果处理不当，就可能引发“群体性争议”。二则，行政部门处理某些社会保险案件的措施易引发“群体性争议”。由于某些历史原因，政府在解决某些社会保险方面问题时，在不同阶段，针对不同对象会采取不同的解决方案，即所谓的“一个对象一个政策”。这种做法虽然能够就事论事地解决每一个问题，但是却会产生“后遗症”——同一种情形，不同的单位，获得的利益不同，从而使人群之间产生“攀比”情绪，引发争议。比如事业单位改制成企业，此类事务往往涉及企业员工的养老保险待遇问题。在我国，事业单位与企业的养老保险计算方式完全不同，前者养老金水平远高于后者。而改制过程中政府为了使改制顺利进行，其“改制方案”在员工养老金问题上可能采取一些特殊政策以安抚事业单位员工。这种“特殊政策”又往往是个性化的——不同单位的性质、员工结构、历史不同，需要采用不同的措施。此种个性化的政策可能导致不同单位员工因为攀比而产生利益的“相对剥夺感”，从而引发争议。

四、“转化型争议”问题

社会保险被称为社会稳定的“安全阀”。这种比喻一方面道出了社会保险对于社会稳定的重要“托底”意义，另一方面也反映了社会保险可能成为其他各类矛盾的“出气口”的现实——各类社会矛盾的当事人有可能将原本已经无法寻求司法救济的纠纷“转化”成为社会保险争议，并寻求司法救济。例如原告因对单位转制不满，但又救济无门，困顿之际发现单位通过社保经办机构将全体职工的社会保险账户属性由“事业单位”转变成为“企业”。这一“转变”属于行政法意义上的行政登记行为，可以提起行政诉讼。于是原告以此为由，向法院提起社会保险行政诉讼，要求撤销该登记行为。显然，原告的真实意图并非针对“登记”行为，而且即使撤销了登记行为，也不意味着转制行为的当然无效或撤销，但原告在救济无门的情况下，选择社会保险事由作为“通道”，亦未尝不可，甚至更可能引发社会关注，从而为其解决由于“转制”带来的利益损失问题提供帮助。类似这种本质上由其他争议“转化”形成的社会保险行政争议还有不少。这种“转化”之所以能够成立，是由于社会保险事务与各类改革事务有着广泛的关联性，并实质上具有一定的“兜底性”。随着我国改革开放事业的不断深入，社会保险事业的不断发展，社会保险牵涉的各类改革事务将更为复杂多样。可以想见，这种“转化型争议”也将长期存在。

上述四个难点问题是诸多社会保险行政争议难点中数量较为集中，解决难度较大的几个。对司法机关而言，处理这几类案件的难度主要体现在“事实认定”和“法律适用”两方面。“事实认定”难的原因除了一般意义上的证据认定等因素外，更重要的是司法审查所要涉及的事实边界问题。前述的“民行交叉争议”、“转化型争议”均涉及大量社会保险争议外的其他事实。对此原告方一般希望法院加以审理，并加以解决，而被告一方则不愿意牵扯过深。法院如何平衡此间边界，殊难把握。“法律适用”难的原因则是对于上述问题，尤其是历史遗留问题的法律适用存在诸多难以确定之处，由于前文已述，此间不再赘言。

本章小结

本章主要对公民社会保险权利保障的问题和不足从司法层面进行了分析，旨在从社会保险行政司法审查的角度探讨当前公民社会保险权利保障的症结所在。由于司法与立法、执法存在诸多实质性差别，当前我国行政诉讼制度也存在许多不足之处，因此司法在保障公民权利时往往存在一些难以克服的缺陷，比如：法官的非专门性、审判过程中合理性审查的缺乏、“协调和解”的非制度化以及较强的刚性、举证责任分配在实际运用中可能隐含对原告不利的因素等。这些问题的存在一定程度上影响了法院对公民社会保险权利的保障。

我国当前公民的社会保险权利司法保障受制于行政司法审查的界限和强度。目前，我国行政司法审查无论是受案范围的广度还是审查强度均显不够。根据社会保险类案件的具体特点，可以将属于法院受案范围的社会保险类案件分为以下几个类型：①社会保险行政确认类案件：参保审核；②社会保险行政征收类案件：社会保险费用征缴；③社会保险行政确认类案件：账户信息调整；④社会保险行政给付类案件：社会保险待遇核发调整；⑤社会保险不履行法定职责类案件：履行法定职责；⑥其他社会保险类案件。这同时也是社会保险行政司法审查的外沿界限。社会保险司法审查的强度主要体现在法院对三个内容的审查上，分别是：对行政职权依据的审查、对行政执法过程的审查和对行政执法依据的审查。目前尚无对此三者审查强度的明确规定，因此法院有较大的自由裁量权。

由于公民社会保险权利的特殊性，以及我国社会保险制度的复杂性，对社会保险行政案件的处理也存有较显著的难点。主要有：

1. “历史遗留”问题。“历史遗留”问题是我国公共政策制定和司法过程中难以回避的问题，有其深刻的历史和现实原因。“历史遗留”问题在司法层面的问题主要体现在法律适用方面，即如何看待和适用计划经济时代的政策？这实质上是公共政策考量和个体权利保障之间的冲突如何平衡的问题。社会保险政策法律由于其特殊属性，是“历史遗留”问题的集中领域。这些“历史遗留”问题给司法审判带来了较多问题。

2. “民行交叉”问题。社会保险的社会属性带有民事和行政双重特征。社会保险行政管理过程中往往夹杂了个人民事权利的因素，使得后续行政争议的复杂性大大增加。新的《行政诉讼法》出台看似解决了合并审理的障碍，但却难以在短期内付诸实施。原因有三：其一，新的诉讼类型“落地”需要一定的过程；其二，与社会保险案件交叉的民事案件大多是劳动案件，按照我国现行的劳动争议处理仲裁前置制度，劳动争议并不完全属于法院的管辖范围，如果直接由法院审理会造成程序违法；其三，如果让行政庭一并处理民事争议，势必打破现存业务庭“各司其职”的格局，也会对行政庭的法官知识结构和素质提出新的挑战，这些都是实施新制度的障碍。故有关制度仍需进一步完善。

3.“群体性争议”问题。社会保险争议容易引发“群体性争议”。一则，社会保险具有广泛性、政策性等特征，一个案件的处理结果可能会影响一个群体的利益，如果处理不当，就可能引发“群体性争议”。二则，行政部门处理某些社会保险案件的措施也易引发“群体性争议”。

4.“转化型争议”问题。社会保险的“转化型争议”问题源自社会保险对于社会稳定“托底”作用，使其同时可能成为其他各类矛盾的“出气口”。各类争议在寻求其他救济无效的情形下，可能转而通过社会保险争议的方式寻求救济。

在以上四类社会保险问题中，尤其以“历史遗留”问题和“转化型争议”问题显得尤为突出。这些特殊的难点也在很大程度上影响了司法机关的事实认定和法律适用，也会对公民社会保险权利的保障产生了不利影响，因此地方立法和司法部门应该将这些难点作为今后立法和司法着力要解决的内容。

第四章

困境的消解之一：地方立法权的充分利用

地方立法在公民社会保险权的保障中起到了至关重要的作用，它既是社会保险行政机关的重要执法依据之一，也是人民法院进行司法审查的依据之一（有的地方立法文件甚至可能成为司法审查的对象）。本章旨在通过对地方立法权限和内容的探讨，试图提供一个从立法上解决社会保险行政司法审查依据问题的方案。

第一节　地方立法权充分利用的法理基础

一、地方立法权的来源

地方立法权理论来源于现代政治学中国家结构形式理论。就当今世界而言，主要包括单一制和复合制两种，其核心在于中央政府与地方政府的权力分配。也即，地方立法权本身就是现代国家结构的一个重要内容和组成部分。可以说，地方立法权是与现代国家制度共生的。根据政治学理论，根据地方立法权的多寡将国家分为单一制和复合制，其中复合制又可分为联邦制与邦联制。[1]地方立法权的大小取决于国家的结构形式，

〔1〕 关于单一制和复合制等理论的著作汗牛充栋，在此不再赘述。

联邦制或邦联制下的地方立法权肯定大于单一制下的地方立法权。传统理论认为，小国适合单一制，大国适合联邦制，此即所谓的“孟德斯鸠原理”。[1] 但是实际问题可能没有那么简单，因为除了考虑国家大小之外，可能还有代议制民主的成本问题。一个合理的权力分配体制不仅需要保证政府的统治受到民意代表的控制与监督，而且需要考虑将统治成本降到最低。[2] 公共选择学派创始人布坎南和塔洛克曾在《同意的计算》一书中说到，代议制所带来的公共利益必须和其成本相平衡。[3] 因此，在确立地方立法权的前提下，更应该考虑的是赋予地方多少立法权。

我国《宪法》规定了国家的单一制结构形式，地方在一定条件和范围内拥有立法权，这些条件主要由《宪法》和《立法法》等法律加以规范。我国地方立法权主要赋予地方人大（及其常委会）以及地方政府。[4]

二、宪法上的依据

宪法是一切法律的“母法”，同时也是判断下位法是否“合宪”的主要依据。一般而言，无论是在成文宪法国家，如美国、中国等，还是不成文宪法国家，如英国，在讨论“合

---

〔1〕［法］孟德斯鸠：《论法的精神》，许明龙译，商务印书馆 2009 年版，第 153 页。

〔2〕张千帆：《宪法学讲义》，北京大学出版社 2011 年版，第 212 页。

〔3〕James M. Buchanan and Gordon Tullock, *The Calculus of Contest: Logical Foundation of Constitutional Democracy*, Ann Arbor: University of Michigan Press (1962).

〔4〕修订前的《立法法》主要将立法权授予了省级地方和较大的市级地方，修订后的《立法法》将该权利的授予范围进一步扩大到了设区的市。

宪性”问题时，都不仅考虑成文宪法典本身，还要考虑宪法法律部门中的其他法律。就我国而言，还应考虑《立法法》、《全国人民代表大会和地方各级人民代表大会选举法》、《地方各级人民代表大会和地方各级人民政府组织法》等法律。探讨地方立法权的充分利用必须考虑宪法（及其部门其他法律）的容许性。一般而言，在一国的立法体系中，地方立法可能存在两种情形：一种是将国会作为原则性立法机关，同时容许在有议会专门授权的条件下进行地方立法；另一种是在一定范围内容许不以存在议会专门授权为条件的地方立法。从我国的宪法实施情况看，应该属于第二种。因此也有学者将我国的单一制称为“集权—分权”型，[1] 虽不能像联邦制国家那样享有较广泛的立法权，但是地方依然在一定条件下被赋予了地方立法权。《宪法》在总纲中明文规定了地方人大的立法权；修订后的《立法法》规定了三种地方立法的情形，分别是执行性立法、自主性立法和先行立法，[2] 同时规定了11种只能由全

---

〔1〕 李亚虹：“对转型期中央与地方立法关系的思考”，载《中国法学》1996年第1期。

〔2〕《立法法》第73条规定：“地方性法规可以就下列事项作出规定：①为执行法律、行政法规的规定，需要根据本行政区域的实际情况作具体规定的事项；②属于地方性事务需要制定地方性法规的事项。”除本法第8条规定的事项外，其他事项国家尚未制定法律或者行政法规的，省、自治区、直辖市和设区的市、自治州根据本地方的具体情况和实际需要，可以先制定地方性法规。在国家制定的法律或者行政法规生效后，地方性法规同法律或者行政法规相抵触的规定无效，制定机关应当及时予以修改或者废止。设区的市、自治州根据本条第1款、第2款制定地方性法规，限于本法第72条第2款规定的事项。制定地方性法规，对上位法已经明确规定的内容，一般不作重复性规定。”

国人大（或其常委会）立法的情形。〔1〕这意味着除了这些“法律保留”的情形外，其他内容可以由地方立法机关充分发挥积极性，满足地方法治所需要的制度供给需求。需要指出的是，西方不少国家都有各自的专门立法协调地方与中央的关系，如法国的《权力下放法》，日本的《地方自治法》等，对中央与地方的关系作了详细而有操作性的规定。〔2〕我国目前缺乏类似的法律，因此目前可以而且只能以《宪法》和《立法法》等法律作为依据。从上述三种地方立法类型看，地方在立法方面有一定的空间，在有上位法的情形下可以有自己的立法空间（执行性、自主性），在上位法存有立法空白时有先行立法的空间。地方立法应当抓住这个契机，在深挖立法潜力上下功夫，努力为地方经济社会发展提供制度依据和保障。

三、现实的必要性

根据前文的讨论，地方有权在“法律保留”之外，就三种情形进行立法。然而这一立法授权的前提是不与上位法冲突。本书认为，在中国当前的法治状况下，要做到这一点是具

〔1〕这些情形分别是：①国家主权的事项；②各级人民代表大会、人民政府、人民法院和人民检察院的产生、组织和职权；③民族区域自治制度、特别行政区制度、基层群众自治制度；④犯罪和刑罚；⑤对公民政治权利的剥夺、限制人身自由的强制措施和处罚；⑥税种的设立、税率的确定和税收征收管理等税收基本制度；⑦对非国有财产的征收、征用；⑧民事基本制度；⑨基本经济制度以及财政、海关、金融和外贸的基本制度；⑩诉讼和仲裁制度；⑪必须由全国人民代表大会及其常务委员会制定法律的其他事项。

〔2〕阮荣祥、赵恺：《地方立法的理论与实践》，社会科学文献出版社2011年版，第105~111页。

有相当难度的。有两方面原因：一是因为上位法立法过程中所涉及的事项“边界”的模糊，难以准确把握；二是因为地方立法机关面对纷繁芜杂的事务，很难严格按照上位法所设定的“边界”进行立法，从而表现出一定的“越界”倾向。这种倾向一方面是由于地方对自己辖区内具体事务的管理权限本身就有扩大与膨胀的“冲动”；另一方面是由于地方承担着民生、维稳等事无巨细的工作，本身也希望能扩大权限以方便自身工作。从权责利对等的原则看，在地方职责不断扩大的今天，也应当适当扩大其立法权限范围。地方为了扩大立法权不断采取各种“尝试”。举一个简单的实例，某省政府曾决定将五一国际劳动节放假时间由 1 天改为 3 天。但相关通知发出后第二天，“全国假日办”即作出回应，认为该决定违反上位法，无效。第三天，该省宣布此通知作废。短短 3 天内发生的“跌宕起伏”的剧情，很好地诠释了地方与中央在“五一”放假时间这一问题上的博弈与拉锯。地方政府之所以“敢”提出将“五一”放假由 1 天改为 3 天，一方面是考虑拉动本地经济，另一方面是由于《全国年节及纪念日放假办法》并未明确节假日放假天数是否属于中央专属立法权限范围，因而地方认为其有权在本地范围内予以变更，然而这一做法显然不被国家层面接受，被紧急叫停。[1]

充分利用和发掘地方立法权的另一个现实的必要性在于发挥立法的“引领”作用。[2] 中共十八届四中全会通过的《中共中央关于全面推进依法治国若干重大问题的决定》明确提

---

〔1〕 当然，国家有关部门的叫停是否有法律依据，仍有待进一步分析。

〔2〕 这种“引领”性地方立法，又被称为地方立法的“先试先行”。

出："法律是治国之重器，良法是善治之前提。建设中国特色社会主义法治体系，必须坚持立法先行，发挥立法的引领和推动作用。""立法要主动适应改革和经济社会发展需要。"[1]从马克思主义政治经济学角度而言，立法的引领作用表现为立法作为上层建筑对经济基础的反作用。长期以来，强调法律对经济和社会的规范和保障作用已成为一种惯性思维，由此忽略了立法对经济社会发展的积极反作用，即引领作用。这是因为，经过 30 多年的发展，中国特色社会主义法律体系已经形成，任何实质性的改革都可能遇到法律障碍。[2] 在全面深化改革的新时期，现行法律与经济社会发展不相适应之处频现，立法可能已不再仅仅是对现有社会关系的确认，充分发挥对改革发展的引领作用从而对改革发展做出顶层设计已成为新时期立法的主要功能。立法机构乃至全社会都应当转变将改革发展与依法依规截然对立的零和思维方式，在一定条件下可以形成相辅相成、相得益彰的"正和博弈"状态。正如习近平同志所言，"全面深化改革与全面推进依法治国如鸟之两翼，车之双轮"。[3] 如何充分发挥立法"引领"作用，可能是今后地方立法机构（包括地方政府）必须考虑的具有现实性的课题。这方面，地方"引领"立法有几个鲜活的例子，如自贸试验区系列地方立法。自贸试验区本身就是发挥地方立法创新示范积极性的试验田，当地立法机构为其制定并实施了一大批新

---

〔1〕 选自《中共中央关于全面推进依法治国若干重大问题的决定》中国共产党十八届四中全会通过。

〔2〕 有关改革与立法的关系早在 20 世纪 80 年代就有过争论，一直延绵不绝。至今学术界仍有多种不同的意见。

〔3〕 引自习近平主席 2015 年元旦贺词。

规。这些以“负面清单”为代表的新规已经在全国不少地方推广实施。又如某市人大制定的《急救医疗服务条例》，在上位法未有规定的情形下，首次以地方立法的形式规定了“好人法”条款。[1] 该条例第4章第42条第4款规定，紧急现场救护行为受法律保护，对患者造成损害的，依法不承担法律责任。该内容已经被《民法总则》所吸收，成为我国民法的重要内容。[2] 可以说，地方立法的引领作用正在成为我国地方立法新的重要功能。

四、社会保险领域地方立法的引领作用

社会保险领域的法治现状具有一定的特殊性，这些特殊性一部分已经在前文中加以论述，此处不再赘述。此处的“特殊性”主要集中于社会保险地方立法的引领性方面。在社会保险领域充分发挥地方立法的引领性，有其充分的必要性与重要的意义。

1. 从立法角度观察，社会保险是以地方政府为主的“事权”，国家应当充分尊重地方立法。我国社会保险事务是民生的重要组成部分。在我国，民生问题主要是地方政府的“事权”范围。《社会保险法》规定：“国务院社会保险行政部门负责全国的社会保险管理工作，国务院其他有关部门在各自的

---

〔1〕 所谓“好人法”，名称源自“撒玛利亚好人法”（Good Samaritan Laws），是关于在紧急状态下施救者因其无偿的救助行为给被救助者造成某种损害时免除责任的法律条文。

〔2〕《民法总则》第183条规定：“因保护他人民事权益使自己受到损害的，由侵权人承担民事责任，受益人可以给予适当补偿。没有侵权人、侵权人逃逸或者无力承担民事责任，受害人请求补偿的，受益人应当给予适当补偿”。

职责范围内负责有关的社会保险工作。县级以上地方人民政府社会保险行政部门负责本行政区域的社会保险管理工作，县级以上地方人民政府其他有关部门在各自的职责范围内负责有关的社会保险工作。”〔1〕可见国家层面政府机构的职能主要是政策制定、监督实施等，〔2〕而地方政府则主要负责社会保险事务的具体办理。以H市为例，根据该市政府网站公示的内容，地方政府负责统筹建立覆盖城乡的社会保障体系，具体而言包括：①统筹拟订城乡社会保险及其补充保险政策和标准，拟订社会保险关系的转移衔接政策，统筹拟订机关企事业单位和其他社会组织、社会成员的基本养老保险政策；会同有关部门拟订社会保险及其补充保险基金管理和监督制度，组织编制社会保险基金预决算草案，按规定做好社会保险基金保值增值的监督管理工作。②负责拟订基本医疗保险、工伤保险、生育保险支付标准、诊疗项目、用药及服务设施范围、定点医疗机构与定点药店费用结算审核等管理办法，负责基本医疗保险就医管理和监督工作，负责医疗保险基金支付方式改革工作；会同有关部门研究拟订医疗制度改革相关政策。③负责就业、失业、社会保险基金预测预警和信息引导，拟订应对预案，实施

---

〔1〕参见《社会保险法》第7条。

〔2〕根据国家人力资源与社会保障部网站的介绍，该部在社会保障方面的主要职责是：统筹建立覆盖城乡的社会保障体系。统筹拟订城乡社会保险及其补充保险政策和标准，组织拟订全国统一的社会保险关系转续办法和基础养老金全国统筹办法，统筹拟订机关企事业单位基本养老保险政策并逐步提高基金统筹层次。会同有关部门拟订社会保险及其补充保险基金管理和监督制度，编制全国社会保险基金预决算草案，参与制定全国社会保障基金投资政策。以及负责社会保险基金预测预警和信息引导，拟订应对预案，实施预防、调节和控制，保持就业形势稳定和社会保险基金总体收支平衡。参见 http://www.mohrss.org.cn.

预防、调节和控制，保持就业形势稳定和各类社会保险基金总体收支平衡。[1] 因此从立法的权限划分来看，社会保险具体事务管理与经办应当属于地方事权范畴。

社会保险立法涉及国家重大利益分配，而这里的利益分配首先是国家和地方利益的分配。长期以来国家层面对于地方社会保险事业的发展一直处于相对“宽松”的态度，说明在这一问题上，其发展路径本身就是以地方经验为先，后由国家层面予以总结，然后形成国家立法。因此，国家立法时，应当充分尊重并反映地方实践的经验。社会保险的国家立法空白较多，需要填补，这一点前文已经有较多论述。此处欲说明的是社会保险立法空白的产生，主要是由我国社会保险事业快速发展导致的立法滞后以及地方社会保险事业发展不均衡导致的国家层面立法困难造成的。前者的例子如非全日制用工的社会保险费缴纳问题；后者的例子如各地在退休年龄问题上的不同规定导致《社会保险法》无法明确规定退休时间。因此，社会保险立法欲填补空白，必须依赖地方立法“先行”，再从国家层面根据各地的实践经验进行有目的、有方向的筛选和提升，从而形成国家层面的立法。[2]

2. 从现实角度观察，我国社会保险事业的管理和发展仍然由地方主导。社会保险事务中，最重要的是社会保险基金的

---

〔1〕 参见上海市人民政府官网，http://www.shanghai.gov.cn/nw2/nw2314/nw2319/nw2405/nw38695/index.html?DeptID=72，最后访问时间：2015年12月8日。

〔2〕 对此有学者亦有不同意见，认为《社会保险法》立法过程中“过于迁就现实”，而回避了“重大问题”，应该通过国家层面立法在某些方面加以统一。参见郑尚元、扈春海：“中国社会保险立法进路之分析——中国社会保险立法体例再分析”，载《现代法学》2010年第3期。

筹集与社会保险待遇的发放职能。在我国社会保险基金存在缺口，无法实现养老保险资金全国统筹的情况下，筹资与待遇发放几乎是社会保险事务的主要职能。从现实来看，社会保险资金皆由地方政府负责筹集（有些地方筹集困难，中央政府予以补贴），社会保险待遇计算以及发放皆由地方负责。因此事实上也是地方政府主导了社会保险事务。这种主导地位一方面有利于发挥地方积极性，另一方面也有可能造成地方政府部门通过部门立法为自己的部门利益扩张“开绿灯”，因此，有必要通过地方立法（主要是地方人大立法）对一些部门利益扩张加以限制，这也是依法治国的重要组成内容。

3. 实践证明，地方社会保险立法为国家层面立法提供了宝贵的经验。先有地方立法，后被国家层面立法吸收的例子并不鲜见。其中较为典型的是工伤保险中的“浮动费率”制度。[1] 此内容即借鉴了地方立法的创新。在2003年国务院颁布的《工伤保险条例》中并没有“浮动费率”制度，但在2004年颁布的《H市工伤保险实施办法》中则创设了此项制度。[2]

---

〔1〕《社会保险法》第34条规定：“国家根据不同行业的工伤风险程度确定行业的差别费率，并根据使用工伤保险基金、工伤发生率等情况在每个行业内确定费率档次。行业差别费率和行业内费率档次由国务院社会保险行政部门制定，报国务院批准后公布施行。社会保险经办机构根据用人单位使用工伤保险基金、工伤发生率和所属行业费率档次等情况，确定用人单位缴费费率。”

〔2〕《上海市工伤保险实施办法》（2004年颁布，该文件已于2012年修订并重新颁布。）第10条规定：“用人单位缴纳工伤保险费实行基础费率，基础费率统一为缴费基数的0.5%。对发生工伤事故的用人单位在基础费率的基础上，按照规定实行浮动费率。浮动费率根据用人单位工伤保险费使用、工伤事故发生率等情况确定。浮动费率分为5档，每档幅度为缴费基数的0.5%，向上浮动后的最高费率（基础费率加浮动费率）不超过缴费基数的3%，向下逐档浮动后的最低费率不低于基础费率。浮动费率每年核定一次。”

该制度经过几年实践，被证明行之有效，遂被国家层面立法吸收。类似的例子还有不少，在此不再一一列举。

综上，在社会保险领域充分发挥地方立法的引领作用十分有必要，既有利于国家立法的不断改善，亦有利于地方层面解决社会保险的诸多实际问题。而从目前状况来看，地方立法的确在社会保险立法中起到了一定的“引领”作用，有些地方立法填补了上位法的空白，而且为国家层面立法提供了有益的探索和借鉴。在未来的发展中，也期待地方社会保险立法能更好地发挥作用，更好地服务社会保险事业发展，更好地为公民社会保险权利提供法律保障。

第二节　社会保险地方立法权的充分利用

地方立法权的充分利用需要关注两个方面：一是立法限度，此为地方立法带有普遍性的问题。任何领域的地方立法权都有限度，从而形成地方立法的边界。这一边界主要来自《立法法》的相关规定，如法律保留条款，以及上位法的一些强制性规定，如养老保险的征缴比例等。二是地方立法充分利用的具体领域或突破口，此为地方立法的个性化问题。根据《立法法》规定，地方立法的主要空间在执行上位法、填补上位法空白和先行立法三个方面。那么具体到社会保险领域，应该从哪些方面入手？本节认为，考虑到社会保险的特殊属性和面临的个性问题（特殊问题），可以首先考虑从理顺“授权性”立法与“赋权性”立法的关系，解决历史遗留问题立法和群体性争议问题立法以及其他一些具体事务立法等几个方面充分利用地方立法权展开立法实践。之所以选择这几个方面充分发挥地方立法的权限，主要基于三个理由：一是这些问题与参保人的社会保险权益密切相关；二是这些问题带有较强的地方性；三是这些问题的地方立法不易违反上位法，属于地方立法的权限范围。

一、理顺“授权性”立法与“赋权性”立法的关系

此处所谓“授权性”立法主要是指授权行政机关为某些行政行为的立法。在社会保险领域，主要表现为立法授权行政机关为行政给付行为，包括与之相关的征缴、处理和处罚等行为。而“赋权性”立法主要是指以当事人为“赋权”对象，赋予其各种权利的立法。在社会保险领域主要表现为“赋予”参保人各种社会保险权利。无论从宪法条文、《社会保险法》立法目的，还是从社会保险立法的政策目标来看，其根本目的都是让更多的公民更多、更好地享有社会保险权利，共享社会经济发展的成果，而非授予政府机关更多的权力。[1] 此种立法理念最大的优渥之处在于可以使行政机关在人民的社会保险权利受到侵害时，不能再以“法无授权”为由拒绝作为。然而，当前的社会保险立法几乎均以“授权性”立法的面目示人，而鲜有“赋权性”立法。之所以会产生这种现象的原因在于：一则，地方立法主要由地方政府（或其组成部门）主

---

〔1〕《社会保险法》第1条开宗明义：“为了规范社会保险关系，维护公民参加社会保险和享受社会保险待遇的合法权益，使公民共享发展成果，促进社会和谐稳定，根据宪法，制定本法。”在立法过程中，多位全国人大常委会委员的发言也聚焦于公民社会保险权利的保障，而非对于行政机关的授权。

导（前文已述），多站在政府的立场上，草案中多为“授权性”条款而少有“赋权性”条款；二则，草案进入地方立法机关讨论表决时，由于地方立法机关的组成人员大多由“退居二线”的地方政府官员担任，故其工作经历使其倾向于“授权”而非“赋权”；三则，长期以来的思维惯性也不支持“赋权性”立法。以“赋权性”立法取代“授权性”立法，可以正本清源，弘扬立法目的，同时厘清该领域行政机关和参保人之间的基本关系，强化“谁为谁服务”的基本理念。地方人大在此方面应该有所作为，也可以有所作为。地方人大作为地方的权力机关，由人民选出，法律地位高，实际地位超然，完全可以在立法过程中把赋予人民权利作为其立法的出发点和落脚点，明确行政机关所做的一切都是其履行对人民的义务的过程，而对人民权利的受损，行政机关必须有所作为。

二、对行政裁量权进行规范

行政裁量权来自于立法，其中较多来自于地方行政立法。“行政裁量并不单纯存在于行政行为中，而是存在于一切行政手段中，诸如行政计划的制定、命令与规则的制定、行政调查或行政上的即时强制、行政契约和行政指导等。”[1] 台湾地区学者将这种裁量权称为“订定命令的裁量”。“到底什么是订定命令的裁量？简单说，指行政机关就命令的订定所拥有的

〔1〕［日］室井力主编：《日本现代行政法》，吴微译，中国政法大学出版社1995年版，第27页。

某种决定或形成自由。"[1] 这一点在社会保险行政立法领域也有较为明显的显现，主要体现在一些“法律责任”，即行政处罚方面。地方立法可以在处罚的幅度、区间等方面加以规范。

三、加强解决“历史遗留”问题立法

前文已述，“历史遗留”问题是长期困扰地方社会保险的主要问题之一，因此应该成为地方立法所关注的重点。针对上文提及的目前人民法院在处理社会保险案件中面临不同解决路径的困扰，地方立法可以做出适用性规定，即遇到计划经济时代的文件，如果与市场经济下社会保障的基本理念不符，对于不同类型的文件，可以做出新的规定或授权法院相机不予适用。具体而言，对于在计划经济时代适用但目前已经被有权机关废除的文件，虽然当时行政机关作出的决定是合法有效的，但就目前而言，这样的规定已经背离了社会主义市场经济下社会保障的基本原则，可以明确规定人民法院不予适用，并通过立法作出新的规定。对于尚未被废除的文件，如果地方立法机关无权限废除，则可以授权人民法院相机不予适用，同时正式发函建议有权机关对该文件进行清理。如果该文件不仅背离社会主义市场经济原则，而且涉嫌对基本人权的侵犯，可能影响到当事人生存权、健康权的，地方立法机关应当果断行使先行立法权，先授权司法机关不予适用该规定，再作出新的立法，

---

〔1〕（台）许宗力：“订定命令的裁量与司法审查”，载《当代公法理论——翁岳生教授六秩诞辰祝寿论文集》，台湾月旦出版公司 1997 年版，第 284 页。

从而取代原有的立法，保障当事人的基本人权。

四、加强解决“群体性争议”问题立法

“群体性争议”往往涉及面较广，人数众多，较难妥善处理。而此处中央立法又常有空白，地方立法可以发挥填补空白和先行立法的作用。根据社会保险“群体性争议”的特点，此类争议绝大多数为利益之争，而较少为权利之争，[1] 涉及的社会保险内容往往情况并不复杂，主要是对某项社会保险待遇不满的问题。由于“群体性争议”往往涉及某项政策的适用，带有一定的普遍性，因此单纯由法院解决“群体性争议”可能存在困难，也容易留下后遗症，如不断上访等。此时，地方立法针对社会保险利益之争可以制定授权性立法，授权法院在不违反上位法的前提下，通过协调和解等程序妥善解决相关争议。

五、充实其他具体事务立法

每个地方的社会保险事务在具体经办环节上都有各自的地方特色，所以某些具体的事项立法只能交由地方。比如在一些金融较为发达的地区，为了提高办事效率，社会保险的缴纳、待遇发放等环节均可以实现金融电子化。这样可以免去一些个人的申报程序，然而却有违反上位法之嫌。此时，地方立法应当积极作为，通过相对高位阶的立法（如地方性法规）授权

---

〔1〕 所谓利益之争，主要是指追索劳动报酬、工伤医疗费、经济补偿或者赔偿金的争议以及因执行国家的劳动标准在工作时间、休息休假、社会保险待遇等方面发生的争议。相关内容也可从《劳动争议调解仲裁法》第 47 条找到依据。

社会保险经办部门可以使用电子化的社会保险管理流程，并接受集中申报。又如，一些网络发达地区已经开始实行网上申报、网上结算等方式，可以省去很多中间环节，大大提高效率，然而这样也有可能会导致缺少中间环节的书面证据，导致各方在诉讼中的困难。地方可以在此处加强立法，减少因此而给各方带来的法律风险，倡导高效便民的社会保险行政事务，这也符合绿色环保的理念。凡此种种，地方立法在某些具体事项上的立法亦可有所作为。

以上列举的地方立法可以充分利用的领域，并非一成不变。相信随着上位法的变化，地方立法会获得更大的空间。

本章小结

地方立法在公民社会保险权的保障中的作用至关重要。本章旨在通过对地方立法权限和内容的探讨，从立法层面解决社会保险行政司法审查的依据问题。地方立法权是现代民主制度下中央和地方分权的结果，本身也是民主制度的重要内容，在各国的宪法上均有明确的依据。我国《宪法》和《立法法》对此有明确的规定。地方立法一方面应当受到上位法的约束，不能与上位法有冲突，另一方面更加应该起到“引领”地方经济社会发展的作用。这是中国目前的法治现状决定的。在社会保险立法领域，地方立法可以较多地发挥“引领”作用，原因在于：其一，从立法角度观察，社会保险是以地方政府为主的“事权”，国家应充分尊重地方的立法实践；其二，从现实角度观察，我国社会保险事业的改革与发展仍然由地方主导；其三，实践证明，地方社会保险立法为国家层面立法提供了宝贵的经验。

从现实看，地方立法机构可以在以下几个方面充分发挥作用：

1. 理顺“授权性”立法与“赋权性”立法的关系。“授权性”立法与“赋权性”立法在立法本位、立法指导思想、立法技术和语言等方面皆有很大的不同。社会保险立法的本质是赋予人民以社会保险权利，是落实宪法中的“获得国家物质帮助权”的体现，因此应当着重体现“赋权性”。目前上位法仍然多以“授权性”为主，地方立法可以在这方面有所突破和创新。

2. 对行政裁量权进行规范。地方立法的一个重要作用就是对上位法规定的自由裁量行为进行幅度和程序的规范。社会保险行政执法中自由裁量行为较少，但仍然有可以规范之处，主要是在“法律责任”方面进行一些幅度上的限定。

3. 加强解决“历史遗留”问题立法。对法院如何适用计划经济时代的文件，地方立法可以根据文件的不同类型，做出新的规定或授权法院相机不予适用。如，对于在计划经济时代适用但目前已经被有权机关废除的文件，可以明确规定人民法院不予适用，并通过立法作出新的规定；对于尚未被废除的文件，如果地方无立法权限，可以授权人民法院相机不予适用，同时正式发函建议有权机关对该文件进行清理。如果该文件不仅背离社会主义市场经济原则，而且涉嫌对基本人权的侵犯，可能影响到当事人生存权、健康权的，地方立法机关应当果断行使先行立法权，先授权司法机关不予适用，再作出新的立法，从而取代原有的立法，保障当事人的基本人权。

4. 加强解决“群体性争议”问题立法。地方立法可以发挥填补空白和先行立法的作用。根据社会保险“群体性争议”的特点，此类争议绝大多数为利益之争，而较少为权利之争，涉及的社会保险内容往往情况较为简单，主要是对某项社会保险待遇不满。由于“群体性争议”往往涉及某项政策的适用，带有一定的普遍性，因此单纯由法院解决可能存在困难，也容易留下“后遗症”。此时，地方立法针对社会保险利益之争可以制定授权性立法，授权通过协调和解等程序，妥善解决相关争议。

5. 充实其他具体事务立法。地方社会保险事务在具体经办环节上有各自的地方特色。比如社会保险的缴纳、待遇发放等环节均可以实现金融电子化，但却缺乏上位法支持。此时，地方立法应当积极作为，通过相对高位阶立法使之合法化。地方亦可加强立法，减少各方因使用现金技术而产生的法律风险，倡导高效便民的社会保险行政事务。

第五章

困境的消解之二：社会保险司法审查机制的完善

第一节 社会保险权司法救济的基本立场

公民的社会保险权利属于社会权的范畴。对于社会权的可裁判性，理论界经历了一个从否定到有限度肯定的过程。公民社会权一般源自国家对社会生活的积极介入，保障公民的基本生活需求，由此而形成的公民权利。在西方各国的立法中，类似的权利有不少，但各有不同的表述。〔1〕社会权之所以在权利的可救济性上会产生争议，其原因大多在于社会权的实现主要依靠政府主动积极的作为，而非传统的消极权利。这就造成了“社会行政法”与传统行政立法的基本思路差异。这种差异同时给行政司法审判带来了较大影响。有学者从“分权考量”、“民主考量”、“法院对于公共政策的考量能力”、“社会权的不确定性”四个方面对社会权的裁判困难进行了论证。〔2〕对此，西方法治发达国家往往没有一个明确统一的解决方法，但在各具特色的裁判方法中，有一个较为显著的共同

〔1〕如《国际人权公约》中的“社会经济权利”（social and economic rights）、日本的“生存权”（right to subsistance）、美国法上的“福利权”（welfare rights）等。

〔2〕胡敏洁：“论社会权的可裁判性”，载《法律科学》2006年第5期。

特点是引入宪法作为审判的法律依据之一，凭借宪法的最高效力配以“合理性”审查加以裁判。例如在南非的一起涉及住房保障的社会权案件中，法院引用宪法中关于国家有义务保障公民住房权利的条款，并针对该案中的“合理性”问题做了较为详尽的论述。[1] 法院首先认为政府对待公民的积极作为义务在于制定综合和有效的计划来满足需求，并采取合理的立法及其他措施在有限范围内逐渐实现这些权利。“合理性”要求政府可以采取广泛的手段履行义务。法院并不关心政府是否采取更好的措施或如何花费公共财政，只关心已经采取的措施实际上是否合理。其中法院陈述了如下关于“合理性”的评价：“在确定何种措施合理时，有必要在社会、经济和历史文本中考量住房问题，并考量实现项目的制度能力。情况并不是静态的，因此需要持续对项目进行审查。合理性必须根据《权利法案》的内容来考虑。获得足够住房的权利应该被保护，因为我们尊重人权并试图保障人类需求。而社会也必须寻求保障生活的基本需求，以维护人性的尊严、自由和平等。”[2] 可以看出，该法院在处理该起住房保障案件时采用了合理性审查的方式，在审查过程中一方面引用了宪法条款，构成法律依据，另一方面也运用了“理性”说理的方式从应然角度加以推导。二者共同构成了法院合理性审查的逻辑基础。

我国的社会保险司法审查具有双重属性，一方面，它是我

---

〔1〕 同上。南非属于英美法国家，因此法官对于案件的判决理由有判例的作用。

〔2〕 有关南非法院关于该案的判决理由主要引自 Government of the Republic of South Africa & Ors vs. Groothboom & Ors,［2000］ICHRL72. 参见胡敏洁：“论社会权的可裁判性”，载《法律科学》2006 年第 5 期。

国行政司法审查在社会保险领域的具体适用，具有程序性；另一方面，它也是社会保险法领域的重要内容，带有社会法特征。社会保险司法审查的基本原则应该同时考虑到这两个方面，才能实现各方权益的平衡。笔者认为，要做到此点，需在完善社会保险司法审查机制时把握以下两个基本立场。

一、坚持司法对个案被动审查的立场

司法权与行政权就其本质有相通之处，都为执行法律。司法权之所以能够对行政权进行审查，无外乎两个原因：一是宪政理论中的制衡原则，这一点孟德斯鸠早已论述过；二是司法权对于民众的权利救济作用。法院所作的裁判，社会各个阶层都必须遵守，因此司法有权对行政权力的作为或不作为进行审查，但是这种审查应该遵循个案被动审查的立场，具体而言有以下两点：

1. 坚持个案审查和被动审查。与行政权相比，司法权更加注重保护个体利益，任何一个国家的法院都不会主动干预公民个人的权利，只有当公民的利益受损害而诉至法院时，法院才能干预。司法的功能是解决纠纷，保护对象是个体权益，而非不特定群体共同而普遍的利益。如我国学者杨伟东所言，司法保护个体的权利和自由，这是司法不同于立法、行政的独立的自身存在的价值和意义。[1] 哈耶克也曾言：法官所关注的并不是任何权力机构要求人们在一特定情势中所采取的行动，

---

〔1〕 杨伟东：《权力结构中的行政诉讼》，北京大学出版社 2008 年版，第 67 页。

而是私人有“合法”理由（legitimate reasons）所预期的东西。司法权的历史演变进程也印证了这一判断。[1]

2. 在公正的解决个案基础上适当“附加”柔性手段，从而为维护整体社会秩序做出贡献。相对政府而言，法官以特定程序来确定事实，以一种专业的方式宣布法律的权威。法律适用程序则保证了法官不为权宜的考虑因素所影响。[2] 这种确定事实、适用法律的过程本身就是对社会秩序维护的重要方面。不过，这种个案审查的立场并不意味着法院在公共政策制定中无所作为。司法机关应该还具有另外一种维护社会秩序的手段，即通过司法审判发现现行政府立法的问题，并通过司法建议向政府提出修改立法或执法措施的提议。这种手段虽然只是一种“建议”，是一种柔性措施，但不可否认，这也是维护社会秩序，参与公共管理的手段之一。

二、恪守司法对行政立法适度尊重的立场

司法对行政立法的尊重源于对行政权力的尊重，更源于对专业的尊重。由于在解释某一行政领域专业问题时，法院往往缺乏必要的专业知识，[3] 因此法院在对行政机关作出的包括行政规定在内的所有行政行为进行司法审查时要对行政机关保

---

〔1〕［奥］凯尔森：《法与国家的一般理论》，沈宗灵译，中国大百科全书出版社 1996 年版，第 306 页。

〔2〕［英］M. J. C. 维尔：《宪政与分权》，苏力译，三联书店 1997 年版，第 314 页。

〔3〕 Russell L. Weaver："The Undervalued Nonlegislative Rule", 54 *Admin. L. Rev.* (2002), p. 876.

持适度的尊重。[1] 这是司法权与行政权不同的职责分工导致的必然选择，也是不同的职责分工导致的不同知识结构的必然选择。行政权对社会的治理是社会运转的基础，法官不能凭空对案件的客观事实进行想象判断。因此，法院在做裁判时必须考虑行政权力的运行现状、执法专业性要求、政府社会治理目标等与行政行为密切相关的因素，否则无法作出"公正"的裁判。法官作为居中裁判者，需审时度势，对案件所涉行政行为的背景、现状等做认真考察，并对涉及利益做审慎衡量，不能为了追求所谓的抽象公正而忽视现实条件的约束。另一方面，法院的工作是试图修复被破坏的社会秩序，给予受侵害的当事人以救济。如果法官对整个行政权对于社会的控制方式不加了解，忽略行政权合理稳定运转对社会稳定发展的重要作用而一味地追求抽象的所谓"公正"，必然会对社会秩序造成伤害，也会最终影响司法权威。从各国司法传统来看，凡法院的判决涉及对行政机关作出的行政行为予以审查时，必对社会稳定等行政目标表示尊重，因此不可避免地对行政权保持一定程度的谦抑甚至妥协。

本章意欲从司法审判角度探讨如何更好地保障公民社会保险权利的完善之举。囿于现行制度以及实施的实际困难，本章综合考虑可行性与迫切性，提出了三点完善的措施：①合理性审查的适当引入；②协调和解机制的进一步完善；③司法建议制度的积极运用。之所以选择这三点加以重点讨论，主要因

---

〔1〕［美］德沃金：《法律帝国》，李常青译，中国大百科全书出版社 1996 年版，第 336 页。

为：一则，这三点均对公民社会保险权利的司法保障有重要意义，如果加以改善并积极实施，将大大提高我国公民的社会保险权利保障水平；二则，这三点均有相应的法律条文或最高人民法院文件支持。其中第一点在《行政诉讼法》中有对应的具体法律条文，但适用范围较窄，可以通过解释的方法拓宽适用范围。第二点则有最高人民法院文件和各地法院文件支持，并且具有长期的实践基础；第三点则在法律中有明确的规定，适用范围也很广，然而在现实中并未得到很好的重视和使用，因此需要在司法中加大适用力度，使其更好地发挥作用。

第二节　合理性审查的适当引入

合理性审查是与合法性审查相并列的对行政行为进行司法审查的方式。相较于合法性审查而言，合理性审查并未完整、彻底地进入我国行政诉讼的范畴。通行的理论认为，由于行政行为的复杂性和专业性，司法机关难以对具体行政行为是否合理做出判断。然而现在的情势与当时《行政诉讼法》制定的背景相比已变化殊甚，以“管制行政”为主要特征的传统行政管理模式已经转换成“给付行政”与“管制行政”并重的局面。根据前文论述，“福利行政”以保障公民的社会权为主，需要政府主动作为，从而实现宪法对人民的权利承诺。有关“给付行政”与“管制行政”的区别以及这种区别带来的司法审查模式差异的相关学术研究已有不少，本书在此就不赘述了。本节着重探讨以引入合理性审查的方式加强公民社会保险权利保障的可能性问题。

前文在实证研究中提到，公民在社会保险权利行政诉讼中的起诉率、胜诉率均较低。其中一个重要原因是司法机关在进行司法审查时，其依据或参照的主要依据并不是位阶较高的法律或行政法规，而是位阶较低的地方政府规章，甚至地方政府部门的行政规定。这些规定往往出于各种原因人为地对上位法规定的权利进行了有意无意的限缩。如之前提及的“王某特殊工种提前退休案”，地方政府出于维持地方社保基金安全的目的，人为限缩了《国务院关于工人退休、退职的暂行办法》（国发［1978］104号）规定的特殊工种提前退休条件，导致当事人养老保险权利受损。可以说，此种案例在社会保险领域并不少见。这与前文在实证研究中提出的养老保险领域低位阶规范占比重较高不无关系。这一方面有地方政府自身利益考虑因素，另一方面实际操作部门在对上位法规则细化的过程中也可能对权利进行限缩，比如通过对申请人举证责任、举证标准的设置，使申请人无法达到举证要求，从而丧失享受权利的资格。对上述做法的评价应当是客观的，一分为二的。一方面，我们要承认这种情况的现实性，尊重地方政府及其相关部门的立法权；另一方面，也应看到这种情况的确有可能影响公民的某些权利。如何在这两者之间取得平衡，不少学者和法官都进行了有益的探索，在此不再赘述。[1] 本书认为，可以考虑适当引入合理性审查机制。通过合理性审查，加大对社会保险行政行为的审查力度，可以部分摆脱地方政府自行制定的规范的束缚，更加体现司法的中立性和权威性，从而有利于问题的解

---

〔1〕 其中有一种方式是：从案件的程序或其他瑕疵中寻找判决撤销的理由。

决。具体做法为：由人民法院在审理具体案件时对被诉具体行政行为的规范依据进行审查，审查的依据是上位法。如果认为相关规范对上位法所赋予的公民社会保险权利加以限缩，则直接以上位法为依据，综合案件情况考量案件的“合理性”做出判决。对此，有以下两点需要说明：

一、是“合理性”审查，还是“合法性”审查？

上述“合理性”审查的做法，是否仍属于“合法性”审查范畴？前文已述，根据“法律优位原则”，下位法不能与上位法冲突。地方行政立法不能与中央立法冲突。此处的“合理性”审查是否可以看成对“法律优位原则”的遵循，从而归入合法性审查的范畴？在这里，首先需要澄清的一点是，行政执法中的“合理性”绝不仅仅是指执法机关在法定的自由裁量范围内对处罚数额的确定，而且还包括在行政执法的过程中应当对法律条文全面理性地加以理解和适用。正如前述南非法院法官所言的，应当从“社会、经济和历史”的维度中加以考量。[1] 孟德斯鸠曾经说过：“一般的法律是人类的理性，各国的法律是人类理性在特殊场合的适用。”该观点准确地说出了理性与法律的关系。从这个角度上说，“合法性”与“合理性”本身就具有一定的重合性。在司法审查的过程中不可能彻底区分。无论立法还是执法，都应是理性人的理性行为，在立法和执法过程中肯定要涉及对事实、规范的理性判断。法官在进行合法性判断时也不可能不考虑行政机关执法的合理

〔1〕 胡敏洁：“论社会权的可裁判性”，载《法律科学》2006年第5期。

性。仍以前述王某提前退休一案为例，如果从合法性角度看，法院遵循了上位法的规范而没有认可下位法对于公民权利的限缩。这可以理解成对“法律优位原则”的遵循。但是本书认为在该案中，按照“合理性”解释或理解比按照“合法性”更具有解释力和说服力。原因在于该案涉及的上位法《国务院关于工人退休、退职的暂行办法》制定于 1978 年，囿于时代，该文无法对当前养老保险的制度环境和法治要求加以回应，也不尽符合当前行政立法的基本要求。有关此类历史文件的问题在前文“历史遗留问题”中已有论述，不再赘言。对于此类上位法的遵循，本身就是一个解释性适用的过程，难以严格遵照法条文义。这种解释性适用必然涉及对社会背景、经济发展、历史因素、行为人的自身状况以及其他一些因素的考量，而这些考量与其说是“合法性”审查的范畴，不如说是纳入“合理性”审查的范畴。当然，目前而言，法院出于尊重《行政诉讼法》的考虑，会从“合法性”的角度适用法律进行裁判，但如果社会保险领域的行政争议能够率先引入“合理性”审查，则适用“合理性”审查的法官数量可能会逐步增加。

二、为何社会保险权适合引入“合理性”审查?

除极个别情形外，目前我国的行政诉讼法并未全面引入“合理性”审查。本书认为社会保险权行政争议可以率先适当引入“合理性”审查。主要基于以下几个原因：

第一，仅有合法性审查不足以给予公民“社会权”完善的保障。从社会保险权利的属性看，它属于社会权的范畴。社会权的属性和内容决定了仅有合法性审查可能不足以保障公民的权利，须引入“合理性”审查，才能给予该权利全面的保障。前文已述，公民的“社会权”与传统权利相比，具有特殊的属性。法律对其保障的模式亦有不同——传统法律对公民权利的保障主要是基于对政府权力的限制，而对“社会权”的保障则要求政府为了人民福祉的增加而积极作为。但由于现代社会分工的专业性，议会立法无法明确规定“如何作为”以及“何时作为”，只能将上述问题留给政府“自行处置”，这就有可能造成权力的行使失控。显然这种“自行处置”并不意味着不受约束的处置——处置的“合理性”是重要的方面，包括是否在合理的期间内处置、是否积极主动、是否存在对于不同群体或个体处置方式“不一致”的情形等。因此，对这种“自行处置”的权利应当进行“合理性”审查，从而对“不合理”的“处置”进行纠正，保障公民的社会保险权利不受侵犯。凡举一例，张某于 1992 年退休。退休 14 年后的 2016 年，他向社保经办机构提出重新认定其 1992 年底前连续工龄。当地社保经办机构认为，按照当地人大和政府制定的授权性文件，该社保经办机构成立于 1993 年 1 月，只处理 1993 年 1 月以后退休人员的社会保险事务，而张某是 1992 年退休的，因此对张某的请求，社保经办机构认为不属于其权限范围，不予处理。张某提起行政诉讼，被法院以同样理由驳回。该案看似涉及社保经办机构的职责权限问题，属于合法性范畴。但仔细分析，其实该案核心在于社保经办机构成立前公民的社会保险权利的保障问题。虽然按照当地的地方性法规规定，社保经办机构成立于 1993 年 1 月，但是对于 1992 年以前的连续工龄仍然有管理和认定的职责，这个不应该跟公民是否在1993年1月以后退休相关联。更重要的是，如此“处置”将使该公民的社会保险权利处于无人保障的境地，明显缺乏合理性。故而，积极引入合理性审查是解决此类问题的根本解决之道。

第二，社会保险立法“重心下沉”倒逼法院适用“合理性”审查。从我国社会保险法律体系看，司法实践中适用的法律规范更多的是位阶较低的地方行政规范。此时如果仅对被诉行政行为进行“合法性”审查，很容易陷入被告依据自己制定的规则解释证成自己行为合法性的怪圈，而忽略实质意义上的公民权利保障。此时就需要司法机构站在中立的角度用更高的“理性”标准去衡量政府是否已经“积极作为”保障公民权利。也即，只有将该行为纳入合理性审查的范畴，才可能从本质上辨析政府是否真正履行了保障法律赋予公民的“社会权”的义务，从而达到司法审查的效果。因此，无论是出于保护当事人权利的考虑，还是出于尊重上位法的考虑，都在倒逼法院引入“合理性”审查。

第三，社会保险类案件的特殊性要求适用“合理性”审查。前文已述，我国社会保险诉讼领域有一些特殊类型的案件，其中历史遗留问题的解决很大程度上需依赖“合理性”审查。我国社会保险法制体系多为计划经济年代制定，存在大量“历史遗留问题”，需要在适用法律时作出解释。[1]“合理性”解释是法院在选择解释方法时，可能性最高的选项。前

〔1〕 适用性解释在其他法律部门也大量存在。如刑法中就存在“形式解释论”和“实质解释论”之争。最高人民法院在指导性案例中则明显支持后者。参见陈兴良：“形式解释论的再宣示”，载《中国法学》2010年第4期。

文已述，“历史遗留问题”处理的最大难度源于制度变迁带来的社会背景、思想意识的更替与原制度的矛盾冲突。例如计划经济时代受到刑事处罚的人会连带受到一系列处罚，比如判刑之前的工龄“归零”等。这一做法在市场经济条件下显得与时代格格不入。如果原告起诉要求恢复判刑之前的工龄，就产生了“旧制度”与“新时代”的冲突。此时合法性（及其解释）可能已经无法解决问题，只有引入“合理性”这一“人类的一般法律”方可圆满解决。

综上，在社会保险行政诉讼中引入“合理性”审查机制，不仅对保障公民的社会保险权利有重大的意义，而且也是社会权争议审判的“天然”需求。如果囿于《行政诉讼法》的因素，“合理性”审查无法在所有行政诉讼中一体适用，亦可考虑先在社会保险行政诉讼中试点，然后再逐步推广。

第三节 协调和解机制的进一步完善

行政诉讼中是否可以引入调解制度，理论界一直有争论。1989年实施的《行政诉讼法》中“不适用调解”，旨在创设一种“国家—社会”、“行政—司法”的对峙模式，[1] 寄托了立法者对行政诉讼实现合法性审查、监督制约行政机关的美好愿景。在2005年以前，有的法院甚至通过各类内部考核限制

---

〔1〕 陈端洪：“对峙——从行政诉讼看中国的宪政出路”，载《中外法学》1995年第4期。

撤诉率，以此来禁止调解。[1] 2005 年后，最高人民法院的司法政策作出调整。出于维护稳定考虑，最高人民法院发文强调一些领域的行政诉讼尽量通过协调解决，使得“调解”机制进入行政诉讼“初露曙光”。然而 2014 年修订《行政诉讼法》仍未将“调解”纳入。[2] 本书认为，既然最高司法机关已经明确认为可以通过协调和解方式解决纠纷，就应当赋予这一方式正式法律地位，并通过进一步完善该制度来使其发挥更大的作用。如果考虑到所有领域的行政诉讼案件均适用该机制具有一定的困难，可以考虑先在部分领域明确“协调和解”制度的正式法律地位。对此，一些地方高级人民法院作了细化规定。如《上海市高级人民法院关于加强行政案件协调和解工作的若干意见》规定，涉及农村土地、城市房屋拆迁、劳动和社会保障、企业改制、资源环保等矛盾容易激化，可能引起群体性利益冲突，或者对国家利益、公共利益和社会稳定可能造成影响的行政案件，法院可以进行协调。这就明确了可以适用“协调和解”的领域。鉴于本书的主题，以下仅对社会保险类行政案件中“协调和解”的进一步完善问题进行讨论。

行政诉讼法意义上的“协调和解”是指在法院的主持下，利用法院（法官）的权威和专业知识居中调和案件双方的争议，在不违反法律禁止性规定的情况下，双方根据各自的意愿进行谈判，最终达成一致，原告撤诉了结案件。“协调和解”

---

〔1〕 何海波：《实质法治——寻求行政诉讼的合法性》，法律出版社 2009 年版，第 48 页。

〔2〕 根据《行政诉讼法》第 60 条规定，行政赔偿诉讼可以适用调解。

主要以行政诉讼法中的“原告自愿撤诉”制度[1]为基础，并辅以法官居中协调，促成双方达成和解。为更好地保障公民社会保险权利，社会保险行政案件的“协调和解”在制度层面的进一步完善可从以下三方面进行：

一、确定不能进行“协调和解”的案件种类

虽然有关文件规定了进行“协调和解”的案件类型，但具体到每一类案件，仍然存在着十分复杂的情况。质言之，在某一类案件中仍然有必要确定可以进行“协调和解”的案件范围。以社会保险行政案件而言，必然存在着一些案件不能“协调和解”，比如一些羁束行为。[2] 对于这些不能“协调和解”的案件，有必要在制度中加以明确，即可以用“负面清单”的办法对禁止“协调和解”的案件种类进行规定，其余案件即为可以“协调和解”的案件。

二、“协调和解”程序的可操作化

社会保险行政诉讼案件的协调和解关系公民个体的社会保险权利，应有可操作的规则。相较而言，民事诉讼有较为详细的操作规定。无论是《民事诉讼法》还是最高人民法院的司法解释，均为其打下了较好的制度基础。社会保险行政案件

---

〔1〕《行政诉讼法》第62条规定：“人民法院对行政案件宣告判决或者裁定前，原告申请撤诉的，或者被告改变其所作的行政行为，原告同意并申请撤诉的，是否准许，由人民法院裁定。”

〔2〕 如判定某人是否符合领取养老金条件等。

“协调和解”的规则制定可以以最高人民法院关于民事案件调解工作的一系列司法解释为基础，结合社会保险行政案件特征来制定。该规则可以在以下几个方面多做考虑：首先，应当针对社会保险案件的基本特点进行，包括前述的“历史遗留问题”、“民行交叉”案件等，还应考虑原被告双方的特点。〔1〕其次，对于法官在协调工作中的地位和权力边界要进行明确界定。最后，对于“协调和解”的文书类型、内容、格式等均应加以规定。目前对于“协调和解”后原告撤诉并不要求制作专门的书面文书，仅由法院笔录，双方签字后，原告提出书面撤诉申请，法院发出“准予撤诉”裁定即可。该裁定并不要求明确载明撤诉原因。如果被告事后拒绝撤销或变更具体行政行为，原告如何自我救济？因此建议明确制作书面“和解书”程序，并且将和解原因写入裁定书。最后，还应明确如果被告拒绝履行和解协议应如何处理。

三、“协调和解”机制的“软化”

目前可执行的“协调和解”以被告承认自己的错误，撤销或变更具体行政行为为唯一基础，不包括另一种常见的情形，即双方过错或者双方在各自证据的基础上均无法说服对方和法院的情形下达成妥协的情况。众所周知，民事调解的关键是“妥协”，即双方为了达成协议均进行一定的让步。从这个

---

〔1〕 社会保险权利关系原告的基本生存权，一般而言，如果被告不肯撤销或变更原具体行政行为，原告撤诉的可能性很小。这就决定了在“协调”时法院工作的重点只能放在被告身上。

意义上说，“协调和解”比“民事调解”的“刚性”更强，更难以成功。如果能够将这种“刚性”适当“软化”，势必大大有助于成功率的提高。当然“成功率”的提高需以“公正性”为底线。本书认为，社会保险行政案件的“协调和解”具有可以“软化”的条件，原因在于：

第一，争议标的存在可以妥协的内容，即争议标的不是“全得”或“全失”的，而是可以分割的。在社会保险领域，具体表现为争议的标的是货币或“期限利益”。[1] 这些标的由于在理论上可以被尽量精细地分割，因而使得“妥协”成为可能。这些争议包括养老金数额的计算争议、工龄计算争议等。这也意味着某些以“是”或“否”为标的的争议在“协调和解”时无法进行“软化”。比如某人是否符合领取养老金的条件，某人是否应该缴纳社会保险费等。

第二，不少社会保险行政争议的证据都存在模糊性，从而给了法院进行“软化”的“协调和解”的机会。社会保险类案件的证据大多来自个人人事档案等“原始”记载。由于记载的模糊性以及其他一些历史原因等，双方可能均无法就某段文字记载的含义作出令人信服的说明。这就给法院“协调”提供了空间，而这种协调完全可以摆脱“非黑即白”的刚性思维，积极建议双方进行适当的妥协，以达成和解。

综上，本书认为，“协调和解”作为一项在行政诉讼中行之有效的制度，有必要进一步完善、细化，使之在案件处理中发挥更大的作用。而社会保险类行政案件亦可以作为试点案件类型。

---

〔1〕“期限利益”是指社会保险制度中一些影响社会保险待遇的期限，比如连续工龄、缴费年限等。

第四节 司法建议制度的积极适用

司法建议制度是我国司法制度中的一个相对边缘的内容，不过近几年在人民法院的司法活动中得到越来越多的运用。该制度脱胎于20世纪50年代盛行于苏联的“法院批评制度”，并在新中国成立初期以“检察建议”和“法院建议”的形式影响司法实践。[1] 我国的三大诉讼法都规定了司法建议制度，但直到2007年最高人民法院下发《关于进一步加强司法建议工作为构建社会主义和谐社会提供司法服务的通知》，司法建议才开始在人民法院的各类审判活动中得到较为广泛的使用。2012年最高法院时隔5年再一次下发了《关于加强司法建议工作的意见》，进一步从社会管理创新的角度突出了司法建议制度的重要性。行政诉讼的司法建议制度一般是指人民法院对在行政审判中发现的与案件有关但不宜由法院处理的问题，向有关国家行政机关（或授权组织）提出建议要求其予以处理的活动。[2] 最早见于1989年《行政诉讼法》第65条第3款：“行政机关拒绝履行判决、裁定的，第一审人民法院可以采取……向该行政机关的上一级行政机关或者监察、人事机关提出司法建议。接受司法建议的机关，根据有关规定进行处理，并将处理情况告知人民法院……”显然，该条对司法建议的

---

〔1〕 郑智航：“司法建议制度设计的认识偏差及校正——以法院参与社会管理创新为背景”，载《法学》2015年第2期。

〔2〕 章志远：“我国行政诉讼司法建议制度之研究”，载《法商研究》2011年第2期。

适用范围作了明确的规定。然而在后续的发展中，司法建议的适用范围可能远远超过上述文件的限制。比如发送对象扩大到被告，而司法建议的目的也扩大到了化解矛盾等社会治理方面。司法机关这样做的法律依据包括最高人民法院发布的《关于执行〈中华人民共和国行政诉讼法〉若干问题的解释》，以及2007年发布的《关于进一步加强司法建议工作为构建社会主义和谐社会提供司法服务的通知》（以下简称《通知》）。及至2009年，最高人民法院又发布了《关于当前形势下做好行政审判工作的若干意见》。该意见明确："要高度重视司法建议工作。对于个案审理中发现的行政执法方面存在的问题，及时向有关行政机关提出改进意见和建议。对于政府决策和行政管理活动中出现的共性问题，书面报送当地党委、人大和政府，为领导决策和改进工作提供参考。"至此，司法建议已经从保障法院执行的单一功能拓展到对行政过程中的问题与瑕疵提出建议和意见并力图修补问题和瑕疵的功能上来，扩张十分明显。[1] 在这一背景下，各地法院如上海、浙江、山东、重庆等，纷纷出台了关于司法建议功能扩张的文件。应该说，从社会变迁的角度而言，司法建议的适用范围和对象的扩张有其较深刻的历史和社会背景。这一方面是我国长期以来政法机关的社会管理传统功能使然，另一方面则是对"强政府，弱司法"的现实与维护社会稳定的压力之间的张力所致。尤其是后者，导致了行政诉讼审判模式发生了巨大的转变，从而迫使司法建议这一原本边缘化的制度逐步发展成为行政诉讼的重要

〔1〕对此，有学者提出不同意见，认为司法建议应当废止。具体参见徐昕："司法建议制度的改革与建议型司法的转型"，载《学习与探索》2012年第3期。

措施。在诱发社会不稳定的众多因素中，社会保险（障）类问题是其中十分重要的一个因素。这也导致了地方法院层面在制定当地的相关实施措施时，往往将社会保险（障）类案件作为法院适用司法建议的重点领域。如果将司法建议按照发出的目的分为“保障裁决执行型”和“推动规范性文件调整型”，则社会保险类案件的司法建议在后者中所占比例较高。如前述的“王某诉H市社会保险事业管理中心要求提前退休”案，法院在判决的同时向H市人保部门发出了司法建议书，建议修改当地养老保险地方政府规章。[1] 除此之外，从公开资料还可发现不少类似的司法建议。[2]

虽然从数量上看，社会保险类行政案件司法建议占各类行政案件司法建议的比例较高，显示出该类案件法院运用司法建议试图化解纠纷、推动被告机关依法行政的积极性与主动性以及娴熟的技巧，然而其效果却差强人意，主要表现在接受司法建议书的行政机关不予回复或回复内容多属敷衍。质言之，司法建议没有形成自身的权威，难以发挥应有的效用。究其原因，学者们提出各种观点，如行政机关固有的偏见、司法建议本身的非强制性、司法权威不足等。[3] 如果我们针对这些原因去寻找对策，会发现有一个问题很难解决：行政机关的偏见是行政机关固有的地位和权威形成的，司法建议的非强制性是由行政诉讼法决定的，亦是司法与行政权力分置的结果，司法

---

〔1〕 参见（2008）沪二中行终字第48号行政判决书。

〔2〕 参见（2009）成行终字第13号行政判决书、（2004）榕行初字第4号等行政判决书。

〔3〕 章志远：“我国行政诉讼司法建议制度之研究”，载《法商研究》2011年第2期。

权威不足的问题更是在短时期内难以解决。故而提升司法建议效用在现行法律框架内需另辟蹊径。此处以社会保险（障）类案件为研究对象，提出一孔之见。

1. 法院系统应改革考核方式，加大对社会保险类案件司法建议的考核力度，奖勤罚懒，提高积极性。当下，对于法院和法官的考核主要以办案数量和质量为标准。然而行政案件本身数量不大，法官考核就可能吃亏。在此情形下，可以考虑将行政案件的司法建议作为考核指标之一纳入体系。而且社会保险类行政案件大多涉及公共政策，也能够给法官提出司法建议的空间，易于他们从合法性、合理性角度提出相应的建议。在此基础上，更可以通过司法建议书质量评比等形式，提高法官的积极性。

2. 司法建议应提高针对性，以达成共识为目的，做到有的放矢。根据前文的分析，社会保险行政行为大多为羁束行为，少有自由裁量行为。故而司法建议的内容大多针对合法性提出，而且可以针对社会保险争议的特殊方面提出，如，违反法律优位原则和法律保留原则的行政立法问题、一些历史遗留问题中涉及合法性的问题等。这些问题可能涉及的合法性问题主要是政策前后矛盾，例如旧的政策虽然缺乏合法性却未被废除等。之所以提出这些建议，是因为这些建议可能较容易得到接受部门的共鸣或认可，被采纳的可能性较大。即使因为权限问题，有些问题一时难以得到解决，这种共鸣或认可亦是十分可贵的。因为这种共识的达成将会大大促进相关问题在后续发展过程中的解决。总之，社会保险类案件的司法建议应当在最容易与接受单位达成共识的方面展开。

3. 司法建议书的内容可以有一定的创新。虽然合法性问题是社会保险行政争议司法建议所针对的主要对象，但并不意味着司法建议在合理性问题方面无所作为。相反，在合理性的范围内，司法建议可以有所创新。这种创新不仅表现在就事论事地针对案件的合理性问题提出建议，更可以在社会管理方式创新方面有所作为。例如，行政执法的一致性问题是社会保险行政案件在合理性方面主要的问题之一。针对该问题，司法建议既可以要求有关部门以某一起个案为契机，对具有相同情况但尚未发现的错误统一进行纠正，以确保执法的一致性，也可以给当事人一个交代。又如，社会保险政策是社会管理的重要组成部分，司法建议在针对案情提出建议的同时，还可以超越案件，从社会管理者的角度，对一些具有普遍性和倾向性的问题提出建议，尤其是解决方案，从而推动整个社会系统的创新。〔1〕正如时任上海市高级人民法院院长的应勇在解释司法建议的初衷时说："司法建议可以为政府决策、改革发展、经济增长、社会稳定等方面建言献策，成为使法院履行审判职能的重要职责。"〔2〕这样，司法机关就从一个个案的裁判者变成了一个社会问题的发现者和解决问题的推动者与建言者。从而实现了司法建议的创新。

4. 司法建议的发送对象和时间节点可以有一定的创新。司法建议要发挥其效用，除了在内容质量上提高外，还应在其

---

〔1〕 杨金志："上海：司法建议成'社会啄木鸟'"，载《新华每日电讯》2010年1月8日，第8版。

〔2〕 原文"上海：司法建议成'社会啄木鸟'"，载新华网2010年1月7日，转引自网易新闻2010年1月7日，http://news.163.com/10/0107/17/5SEN5LRJ000120GU.html，最后访问时间：2017年3月21日。

他方面加以关注。如果说提高质量需要法官能够在埋首处理个案之余发现案件所暴露的深层次问题，那么这一问题的表达和提出则需要一定的技巧。除了语言上的技巧外，发送的对象和时间节点亦可成为考虑的因素。在当下中国的权力分配格局中，党委无疑是最具有权威的机构。因此，法院在向被告单位发送司法建议书的同时，可以向其上级党委抄送，以求在上级党委的推动下，司法建议能够得到贯彻。有学者对这种党委推动的模式冠以“高位推动”之名。他们认为，中国复杂的府际关系和组织网络使公共政策执行的过程往往具有层级性和多属性的特点。党委能够利用其在党和国家相互“嵌入”这种独特结构中所有的“领政”优势，以“高位推动”来解决层级性和多属性带来的中央与地方、各部门相互之间的合作困境。[1] 社会保险案件的被告往往是当地的社会保险经办机构，因此在向被告发送司法建议书的同时，可以抄送其上级党委，即地方人社厅（局）党委（组）。

另一个值得关注的地方是发送时间。目前法律和司法解释并未对司法建议的发送时间做出任何规定，但是一般而言司法建议会与判决一同发出，或者在判决之后发出。这样做的目的主要是为了体现司法审判的主次功能之分——毕竟司法审判是以个案审理为主要目的的，通过司法建议参与社会管理只是次要目的。然而，如果在案件的审理中发现了带有普遍性的问题或者执法一致性的问题，那么司法建议书如能早于判决书发出，可能效果更佳。这样将会对被告形成一定的威慑，被告认

---

〔1〕贺东航、孔繁斌：“公共政策执行的中国经验”，载《中国社会科学》2011年第5期。

真考虑和执行司法建议内容的可能性大大增加。例如在一起国有企业转制过程中社会保险账户记载信息作假，经举报后被社保部门纠正的案件中，原告提出自己单位有大量此类作假情况发生，如果只处理原告一人则不公平。此时按照不告不理原则，法院不能对其他人的作假进行处理，但是却可以通过司法建议的形式“要求”社保部门处理，并反馈结果，然后再依法作出判决。如此，司法建议得到重视和采纳的可能性将大大增加。

总之，司法建议制度作为行政诉讼中的一个重要制度，同时也是法院的职责之一。正确合理地运用该制度，将会对包括社会保险行政案件在内的各类行政案件的解决起到促进和改善的作用，人民法院应当积极地，有技巧地加以适用。

本章小结

本章针对社会保险行政审判中的症结问题，在恪守司法审判对于行政行为审查的基本立场的前提下，提出在以下几个方面可以加强和完善的地方，以保障公民的社会保险权利。

一、合理性审查的适当引入

公民的社会保险权利属于“社会权”的范畴。由于社会权的特殊属性，仅凭合法性审查可能远远不够。西方国家往往援引宪法，但我国司法实践历来不主张将宪法作为裁判依据。因此需适当引入合理性审查，与合法性审查相配合，共同保障公民的社会保险权利。引入合理性审查的另一个重要原因是我国社会保险立法重心的“下沉”，导致行政机关将低位阶的政府规章甚至地方政府部门自行颁布的规范性文件作为主要执法依据，如果仅进行“合法性”审查，则可能陷入被告以自己的文件证明自己行为正确性的怪圈，不利于保障原告的权利。因此应当引入合理性审查。

二、协调和解机制的进一步完善

协调和解机制是最高人民法院确立的用以解决矛盾易激化的群体性案件的一种方式，意图借鉴民事调解经验，妥善解决案件。然而现实中，由于该制度仅有宣示性的条文而缺乏细化的可操作性规则，而且刚性较强，该制度的功能发挥被大大限制了。因此建议在明确可以协调和解案件范围的前提下，应对“协调和解”进行机制化改造，明确可操作性程序，并且对制度刚性进行改造，使其适当“软化”。

三、司法建议制度的积极适用

司法建议制度是行政诉讼法明确规定的制度，但是在现实中却并未收到预期的效果，原因主要在于司法权威不足。司法建议的非强制性是司法与行政权力分置导致的结果。司法建议权威不足的问题在短时期内难以解决。为保障公民社会保险权利，可以对社会保险行政案件的司法建议在以下几方面进行完善：首先是改革考核系统，强化司法建议的考核力度；其次，司法建议应提高针对性，以达成共识为目的，做到有的放矢；

再次，司法建议的内容要进一步改进，提高针对合理性的司法建议比例；最后，司法建议发送的技巧也可以有所提高，通过综合提高司法建议的水平来提升其效果，以达到保障公民社会保险权利的目的。

余 论

从身份到契约

——共享经济与公民社会保险权利保障

当前，以移动互联网和云计算技术为支撑，以物品使用权的暂时转移或劳务的暂时付出为表现形式的“共享经济”是我国经济发展的亮点之一。这种以盘活、整合线下闲散资源为基本目标的商业模式，在摆脱原有的基于“商家—客户”经营模式的同时，也颠覆了另一种自人类进入商品社会以来就沿用至今的劳动力使用模式（用工模式）。现今主流用工模式建立在“雇佣劳动”之上，经过法律的调整和规范，现在以“劳动关系”的面目示人。这种“劳动关系”的特征在于雇主（我国法律称为“用人单位”）和劳动力（我国法律称为“劳动者”）之间以劳动合同订立为确立关系的触发点和开端，来确定双方的基本权利义务关系。在整个劳动合同约定的期限里，劳动者在法定劳动时间内应该遵从雇主的指挥、监督和调遣，直至合同终止。同时以法律强制规定最低工资、最高工作时间、社会保险等基准，保障劳动者的基本劳动权利。不难看出，这种用工模式下的“劳动者”虽然以契约为纽带，但仍有较强的“身份性”。从经济学角度观察，如果我们将用人单位和劳动者看成独立的两个市场主体，把招聘过程看成一种特殊的交易，那么交易成本是显而易见的。根据“规范的科斯定理”，法律应当致力于消除私人协议的障碍，以促进交易。[1] 为了避免反复招聘，人们用“劳动合同”将两个市场主体合二为一，从而在一个比较长的期间内消除这种交易成本。然而招聘的交易成本消除了，却又产生了组织成本和管理成本。在某种意义上，这种管理成本是消除交易成本的“代价”。于是立法的任务又从降低交易成本转化为降低组织和管理成本。然而管理成本的降低可能意味着劳工利益的受损，这又可能会造成社会不稳定。从交易成本到管理成本，再到社会稳定，三者似乎注定无法妥协。

“共享经济”的经营模式是一种基于“客户—平台—服务提供者”的模式。移动互联网和智能手机的普及使得上述三者的矛盾大幅度缓和有了可能。客户与服务者可以快速匹配，平台可以提供充足的信息以解决信息不对称问题，省去了招聘环节的大量成本；平台更可不必“管理”服务者，省去管理成本；服务提供者自己对自己负责，接受市场的选择，不会因平台的裁员而失去工作。显然，这种模式相较传统模式而言，脱去了“身份性”，强化了“契约性”。在这一模式下，前述问题似乎已经得到基本解决，剩下的市场会自发调节。然而这可能只是某些人的一厢情愿。之前在美国多个州爆发的 UBER 网约车司机起诉 UBER 平台公司要求确认雇佣关系案向社会明白无误地传递了一个信息：当一个服务提供者在一个固定的平台上每天提供服务超过一定的时间，他可能不满足于“打零

---

〔1〕［美］罗伯特·考特、托马斯·尤伦：《法和经济学》（第 5 版），史晋川、董雪兵译，格致出版社、上海三联书店、上海人民出版社 2010 年版，第 84 页。

工”的地位——既要享受自由职业者的“闲适”，又不想放弃传统模式下的某些权利。[1] 这其中最重要的当属社会保险权利。虽然该案尚未最终落定，但却引起一系列思考：共享经济的服务提供者应否享有社会保险权利？如何享有社会保险权利？现有的社会保险政策是否应当加以改造？如何改造？在思考这一系列问题时，我们不应忘记一个重要的前提，即社会保险政策应当以推动“共享经济”健康发展为根本出发点和目标，因为跟传统经济相比，“共享经济”有不可比拟的优势，在当前世界经济复苏乏力的基础上，很有可能成为世界经济未来的一个重要增长点。这一点从我国政府对于网约车的态度也可以看出。从市场管理角度看，网约车的存在显然“打乱”了传统出租车市场运营秩序，按照传统的管理模式，应该予以“取缔”。然而以“滴滴”、“快的”为代表的网约车平台公司却未遭受“黑车”公司式的打击，而是快速扩张。这恰好说明了政府对其“暧昧”的态度——一方面希望其在规则下运行，不要过度冲击现有的出租车市场；另一方面政府又发现其可能成为经济的一个增长点，从而希望其进一步发展。因此，国家交通部专门为其制定了部门规章，各地政府也在此基础上制定了地方政策，以期在将网约车纳入管理轨道的同时，享受这一新兴模式带来的红利。

传统模式下，社会保险权利虽然是一项独立的权利，但不可否认它以用工关系为基础，在我国，它依附于“劳动关

---

〔1〕 本书亦对人民法院审理的几起典型案件进行了归纳，发现司法上仍然倾向于不认定“共享经济”用工模式为劳动关系。这些案例包括“滴滴”、“河狸”等互联网平台企业。

系”。共享经济“平台—服务提供者”的关系显然不能用传统的劳动关系来对比。“劳动者”失去了用以确立身份的“雇主”,“雇主”失去了作为管理对象的“劳动者”,社会保险权何以依附?本书认为,在此情形下我国现有的社会保险政策需要做如下改变,以适应“共享经济”的发展。

1. 增强劳动力市场灵活性。劳动力市场灵活性是经济发展的重要因素,也是西方国家(地区)承认我国大陆地区“市场经济地位”的重要因素。经济的发展应当是更加有利于人的自我发展和自由,从这个角度上说,“共享经济”所代表的方向是正确的。即使在现阶段,我国劳动力市场灵活性不够的问题也已经饱受诟病。[1] 因此,增强劳动力市场灵活性应当成为我们下一阶段政策制定的主要目标。巧合的是,“共享经济”的本质也是要解放被“束缚”的劳动力,赋予其更大的自由,两者目标是一致的。社会保险政策对劳动力市场的灵活性有巨大的影响,如果社会保险政策是灵活的、多选择的,那必然会对劳动力市场的灵活性有正向的影响。反之,则会阻碍劳动市场的灵活性。

2. 降低制度成本。制度成本过高是目前影响我国企业发展的重要包袱,社会保险成本是一个较为重要的方面。本届政府多次表示会降低社会保险缴费费率,而且已经付诸行动。然

---

〔1〕 前财政部长楼继伟曾经两次在公开场合批评现行劳动法律制度管制过多,影响了劳动力市场的灵活性,从而对经济发展产生了不利影响。以张五常为代表的一批经济学家长期以来对我国劳动力市场缺乏灵活性的现象持批评意见。中央政治局会议也提出要增强劳动力市场灵活性,参见盘和林:“增强劳动力市场灵活性系‘双赢’之举”,载光明网“光明时评”栏目,http://guancha.gmw.cn/2016-08/03/content_21285768.htm,最后访问日期:2016年10月31日。

而目前的社会保险制度对于“共享经济”而言成本仍显过高，会阻碍共享经济的发展。鉴于“共享经济”的特点，对其降低成本的期待可能更强烈。

3. 维持社会稳定。“共享经济”虽然是一种尚不成熟的商业模式，但其吸引力却很大。人们对从事相对自由但又能盈利的经济活动的渴望不可小觑，这一点可以从“淘宝”的吸引力看出。可以想见，如果“共享经济”在各个领域蓬勃发展，将会吸引相当多的从业人员。更重要的是，会吸引大量的客流，销蚀传统行业的利益，从而有可能在某些极端情况下形成不稳定因素。以出租汽车行业为例，如果政策过于倾向UBER、“滴滴”，就会引起传统出租车从业人员的反对，如美英等西方国家就发生过 UBER 司机和传统出租车司机由于对政策不满意而大规模游行示威。如果过于保护传统出租车行业从业人员，一方面会阻碍经济发展，另一方面则会引发“专车司机”和顾客的不满。[1] 社会保险事关人的基本生存权，其政策导向和倾向性必然会对该行业发展产生巨大影响，也会影响社会的稳定，而社会稳定又是经济发展、人权保障、社会进步的必要前提，为历届政府所关注。因此相关政策在制定时，必须考虑到上述因素，将维持社会稳定作为政策目标之一。

上述三个目标其实归结起来，就是六个字：“自由”、“廉价”和“稳定”。显然，我们现行的社会保险法律政策已显得不足。本书认为，可在以下几个方面对社会保险政策加以改

---

〔1〕 比如张维迎教授就曾经公开批评北京市出台的网约车新规。参见“张维迎炮轰地方网约车新规：明目张胆以地方对抗中央”，http://business.sohu.com/20161018/n470528812.shtml，最后访问日期：2016 年 10 月 31 日。

造，以适应“共享经济”的发展：

1. 采取更加灵活的征缴方式。“五险合一”是我国当前劳动关系对应的唯一一种社会保险缴费方式。[1] 采取这种缴费方式的主要目的是为了确保我国五个社会保险项目同步缴费，杜绝参保主体逃避某些项目缴费的情况。该制度实施至今，的确对“五险”充分同步征缴起到了决定性作用，但是却很难适用于“共享经济”的用工模式。其原因不言自明，至少“五险”之中的失业保险显然不应当强制参保。如果仍然采用“五险合一”的征缴模式，则必然回到劳动关系的窠臼，从而体现不出其应有的制度价值和社会价值。因此，建议针对“共享经济”模式，允许其在几个险种之间选择缴纳。为保证养老、医疗这两大主要险种的基金安全，可以强制缴纳。

2. 调整缴费主体和费率。目前我国的缴费主体主要是用人单位和员工，但共享经济下并不存在传统意义的“用人单位”和“员工”。如果严格按照传统模式缴费，势必要回到传统模式的劳动关系中。因此可以考虑将双方缴费改为个人缴费，费率也可以适当降低。由于不同的平台收费不同，收费多少也不同，因此较为合适的做法是，确定一个费率，允许个人和平台协商缴费分摊。对于一些收费较高的平台，如“滴滴”，则可以设定一个标准，强制要求平台缴费。

3. 进一步体现多缴多得。养老保险是所有社会保险中最

---

〔1〕 此项措施的依据是人力资源与社会保障部颁布的《社会保险费申报缴纳管理规定》第3条第3款的规定：“社会保险经办机构负责征收的社会保险费，实行统一征收。”有些地方出台了居民社会保险，可以分开缴纳。但这种缴费方式并非针对目前的“劳动关系”，而且待遇比较低，因此参保人数不多，积极性也不高。

重要，也是费率最高的险种。现行制度设计多考虑公平因素，对于效率的考虑相对不多，多缴与多得并不成比例。如果要鼓励更多的“共享经济”人员参加社会保险而不是躲避，就应当在制度设计上尽量实现“多缴多得”。

4. 强化第二支柱甚至第三支柱。社会保险的第二支柱是指补充保险，主要适用于养老保险，类似于美国的“401K”计划〔1〕。相比于第一支柱的基本保险，补充保险在政策上更倾向于“多缴多得”，在投资方面配置蓝筹股比例较高。第三支柱一般是指商业保险。商业保险虽属自愿性质，但是并不意味着不能够强制购买，比如交强险。第二支柱和第三支柱的强化，可以为从业人员多增加一些保障，也是对他们社会保险权利的保护。

“共享经济”迅猛发展，在经济上创造了效益，为人们带来便利化的生活，广大从业人员的社会保险权利也不能被忽视。此时的权利保障应随着“共享经济”的用工模式从“身份到契约”的转变而转变，实现经济发展，促进就业与个人权利保障的和谐发展。

---

〔1〕 所谓“401K”计划是美国养老保险体系的重要组成部分。其主要内容是在基本养老保险之外，由雇主为雇员向该计划按月缴费，经过积累后形成一笔基金，可以作为雇员退休后发放的一笔额外的养老金，作为基础养老金的补充。“401K”计划的特点在于：①补充性，即该计划是基本养老保险的补充；②自愿性，即雇员是否参加该计划取决于雇员自愿，不具有强制性；③投资性，与基本养老保险不同，“401K”计划的基金可以用于投资风险较大的证券市场；④免税性，雇主每月为雇员向该计划缴费后，每月可在缴费的范围内免缴收入所得税。

附

中华人民共和国社会保险法

（2010年10月28日第十一届全国人民代表大会常务委员会第十七次会议通过，自2011年7月1日起施行）

第一章　总　则

第一条　为了规范社会保险关系，维护公民参加社会保险和享受社会保险待遇的合法权益，使公民共享发展成果，促进社会和谐稳定，根据宪法，制定本法。

第二条　国家建立基本养老保险、基本医疗保险、工伤保险、失业保险、生育保险等社会保险制度，保障公民在年老、疾病、工伤、失业、生育等情况下依法从国家和社会获得物质帮助的权利。

第三条　社会保险制度坚持广覆盖、保基本、多层次、可持续的方针，社会保险水平应当与经济社会发展水平相适应。

第四条 中华人民共和国境内的用人单位和个人依法缴纳社会保险费，有权查询缴费记录、个人权益记录，要求社会保险经办机构提供社会保险咨询等相关服务。

个人依法享受社会保险待遇，有权监督本单位为其缴费情况。

第五条 县级以上人民政府将社会保险事业纳入国民经济和社会发展规划。

国家多渠道筹集社会保险资金。县级以上人民政府对社会保险事业给予必要的经费支持。

国家通过税收优惠政策支持社会保险事业。

第六条 国家对社会保险基金实行严格监管。

国务院和省、自治区、直辖市人民政府建立健全社会保险基金监督管理制度，保障社会保险基金安全、有效运行。

县级以上人民政府采取措施，鼓励和支持社会各方面参与社会保险基金的监督。

第七条 国务院社会保险行政部门负责全国的社会保险管理工作，国务院其他有关部门在各自的职责范围内负责有关的社会保险工作。

县级以上地方人民政府社会保险行政部门负责本行政区域的社会保险管理工作，县级以上地方人民政府其他有关部门在各自的职责范围内负责有关的社会保险工作。

第八条 社会保险经办机构提供社会保险服务，负责社会保险登记、个人权益记录、社会保险待遇支付等工作。

第九条 工会依法维护职工的合法权益，有权参与社会保险重大事项的研究，参加社会保险监督委员会，对与职工社会保险权益有关的事项进行监督。

第二章 基本养老保险

第十条 职工应当参加基本养老保险，由用人单位和职工共同缴纳基本养老保险费。

无雇工的个体工商户、未在用人单位参加基本养老保险的非全日制从业人员以及其他灵活就业人员可以参加基本养老保险，由个人缴纳基本养老保险费。

公务员和参照公务员法管理的工作人员养老保险的办法由国务院规定。

第十一条 基本养老保险实行社会统筹与个人账户相结合。

基本养老保险基金由用人单位和个人缴费以及政府补贴等组成。

第十二条 用人单位应当按照国家规定的本单位职工工资总额的比例缴纳基本养老保险费，记入基本养老保险统筹基金。

职工应当按照国家规定的本人工资的比例缴纳基本养老保险费，记入个人账户。

无雇工的个体工商户、未在用人单位参加基本养老保险的非全日制从业人员以及其他灵活就业人员参加基本养老保险的，应当按照国家规定缴纳基本养老保险费，分别记入基本养老保险统筹基金和个人账户。

第十三条 国有企业、事业单位职工参加基本养老保险前，视同缴费年限期间应当缴纳的基本养老保险费由政府承担。

基本养老保险基金出现支付不足时，政府给予补贴。

第十四条 个人账户不得提前支取，记账利率不得低于银行定期存款利率，免征利息税。个人死亡的，个人账户余额可以继承。

第十五条 基本养老金由统筹养老金和个人账户养老金组成。

基本养老金根据个人累计缴费年限、缴费工资、当地职工平均工资、个人账户金额、城镇人口平均预期寿命等因素确定。

第十六条 参加基本养老保险的个人，达到法定退休年龄时累计缴费满十五年的，按月领取基本养老金。

参加基本养老保险的个人，达到法定退休年龄时累计缴费不足十五年的，可以缴费至满十五年，按月领取基本养老金；也可以转入新型农村社会养老保险或者城镇居民社会养老保险，按照国务院规定享受相应的养老保险待遇。

第十七条 参加基本养老保险的个人，因病或者非因工死亡的，其遗属可以领取丧葬补助金和抚恤金；在未达到法定退休年龄时因病或者非因工致残完全丧失劳动能力的，可以领取病残津贴。所需资金从基本养老保险基金中支付。

第十八条 国家建立基本养老金正常调整机制。根据职工平均工资增长、物价上涨情况，适时提高基本养老保险待遇水平。

第十九条 个人跨统筹地区就业的，其基本养老保险关系随本人转移，缴费年限累计计算。个人达到法定退休年龄时，基本养老金分段计算、统一支付。具体办法由国务院规定。

第二十条 国家建立和完善新型农村社会养老保险制度。

新型农村社会养老保险实行个人缴费、集体补助和政府补贴相结合。

第二十一条 新型农村社会养老保险待遇由基础养老金和个人账户养老金组成。

参加新型农村社会养老保险的农村居民，符合国家规定条件的，按月领取新型农村社会养老保险待遇。

第二十二条 国家建立和完善城镇居民社会养老保险制度。

省、自治区、直辖市人民政府根据实际情况，可以将城镇居民社会养老保险和新型农村社会养老保险合并实施。

第三章 基本医疗保险

第二十三条 职工应当参加职工基本医疗保险，由用人单位和职工按照国家规定共同缴纳基本医疗保险费。

无雇工的个体工商户、未在用人单位参加职工基本医疗保险的非全日制从业人员以及其他灵活就业人员可以参加职工基本医疗保险，由个人按照国家规定缴纳基本医疗保险费。

第二十四条 国家建立和完善新型农村合作医疗制度。

新型农村合作医疗的管理办法，由国务院规定。

第二十五条 国家建立和完善城镇居民基本医疗保险制度。

城镇居民基本医疗保险实行个人缴费和政府补贴相结合。

享受最低生活保障的人、丧失劳动能力的残疾人、低收入家庭六十周岁以上的老年人和未成年人等所需个人缴费部分，由政府给予补贴。

第二十六条 职工基本医疗保险、新型农村合作医疗和城镇居民基本医疗保险的待遇标准按照国家规定执行。

第二十七条 参加职工基本医疗保险的个人，达到法定退休年龄时累计缴费达到国家规定年限的，退休后不再缴纳基本医疗保险费，按照国家规定享受基本医疗保险待遇；未达到国家规定年限的，可以缴费至国家规定年限。

第二十八条 符合基本医疗保险药品目录、诊疗项目、医疗服务设施标准以及急诊、抢救的医疗费用，按照国家规定从基本医疗保险基金中支付。

第二十九条 参保人员医疗费用中应当由基本医疗保险基金支付的部分，由社会保险经办机构与医疗机构、药品经营单位直接结算。

社会保险行政部门和卫生行政部门应当建立异地就医医疗费用结算制度，方便参保人员享受基本医疗保险待遇。

第三十条 下列医疗费用不纳入基本医疗保险基金支付范围：

（一）应当从工伤保险基金中支付的；

（二）应当由第三人负担的；

（三）应当由公共卫生负担的；

（四）在境外就医的。

医疗费用依法应当由第三人负担，第三人不支付或者无法确定第三人的，由基本医疗保险基金先行支付。基本医疗保险基金先行支付后，有权向第三人追偿。

第三十一条 社会保险经办机构根据管理服务的需要，可以与医疗机构、药品经营单位签订服务协议，规范医疗服务行为。

医疗机构应当为参保人员提供合理、必要的医疗服务。

第三十二条 个人跨统筹地区就业的，其基本医疗保险关系随本人转移，缴费年限累计计算。

第四章 工伤保险

第三十三条 职工应当参加工伤保险，由用人单位缴纳工伤保险费，职工不缴纳工伤保险费。

第三十四条 国家根据不同行业的工伤风险程度确定行业的差别费率，并根据使用工伤保险基金、工伤发生率等情况在每个行业内确定费率档次。行业差别费率和行业内费率档次由国务院社会保险行政部门制定，报国务院批准后公布施行。

社会保险经办机构根据用人单位使用工伤保险基金、工伤发生率和所属行业费率档次等情况，确定用人单位缴费费率。

第三十五条 用人单位应当按照本单位职工工资总额，根据社会保险经办机构确定的费率缴纳工伤保险费。

第三十六条 职工因工作原因受到事故伤害或者患职业病，且经工伤认定的，享受工伤保险待遇；其中，经劳动能力鉴定丧失劳动能力的，享受伤残待遇。

工伤认定和劳动能力鉴定应当简捷、方便。

第三十七条 职工因下列情形之一导致本人在工作中伤亡的，不认定为工伤：

（一）故意犯罪；

（二）醉酒或者吸毒；

（三）自残或者自杀；

（四）法律、行政法规规定的其他情形。

第三十八条 因工伤发生的下列费用，按照国家规定从工伤保险基金中支付：

（一）治疗工伤的医疗费用和康复费用；

（二）住院伙食补助费；

（三）到统筹地区以外就医的交通食宿费；

（四）安装配置伤残辅助器具所需费用；

（五）生活不能自理的，经劳动能力鉴定委员会确认的生活护理费；

（六）一次性伤残补助金和一至四级伤残职工按月领取的伤残津贴；

（七）终止或者解除劳动合同时，应当享受的一次性医疗补助金；

（八）因工死亡的，其遗属领取的丧葬补助金、供养亲属抚恤金和因工死亡补助金；

（九）劳动能力鉴定费。

第三十九条 因工伤发生的下列费用，按照国家规定由用人单位支付：

（一）治疗工伤期间的工资福利；

（二）五级、六级伤残职工按月领取的伤残津贴；

（三）终止或者解除劳动合同时，应当享受的一次性伤残就业补助金。

第四十条 工伤职工符合领取基本养老金条件的，停发伤残津贴，享受基本养老保险待遇。基本养老保险待遇低于伤残津贴的，从工伤保险基金中补足差额。

第四十一条 职工所在用人单位未依法缴纳工伤保险费，发生工伤事故的，由用人单位支付工伤保险待遇。用人单位不支付的，从工伤保险基金中先行支付。

从工伤保险基金中先行支付的工伤保险待遇应当由用人单位偿还。用人单位不偿还的，社会保险经办机构可以依照本法第六十三条的规定追偿。

第四十二条 由于第三人的原因造成工伤，第三人不支付工伤医疗费用或者无法确定第三人的，由工伤保险基金先行支付。工伤保险基金先行支付后，有权向第三人追偿。

第四十三条 工伤职工有下列情形之一的，停止享受工伤保险待遇：

（一）丧失享受待遇条件的；

（二）拒不接受劳动能力鉴定的；

（三）拒绝治疗的。

第五章 失业保险

第四十四条 职工应当参加失业保险，由用人单位和职工按照国家规定共同缴纳失业保险费。

第四十五条 失业人员符合下列条件的，从失业保险基金中领取失业保险金：

（一）失业前用人单位和本人已经缴纳失业保险费满一年的；

（二）非因本人意愿中断就业的；

（三）已经进行失业登记，并有求职要求的。

第四十六条 失业人员失业前用人单位和本人累计缴费满一年不足五年的，领取失业保险金的期限最长为十二个月；累计缴费满五年不足十年的，领取失业保险金的期限最长为十八个月；累计缴费十年以上的，领取失业保险金的期限最长为二十四个月。重新就业后，再次失业的，缴费时间重新计算，领取失业保险金的期限与前次失业应当领取而尚未领取的失业保险金的期限合并计算，最长不超过二十四个月。

第四十七条 失业保险金的标准，由省、自治区、直辖市人民政府确定，不得低于城市居民最低生活保障标准。

第四十八条 失业人员在领取失业保险金期间，参加职工基本医疗保险，享受基本医疗保险待遇。

失业人员应当缴纳的基本医疗保险费从失业保险基金中支付，个人不缴纳基本医疗保险费。

第四十九条 失业人员在领取失业保险金期间死亡的，参照当地对在职职工死亡的规定，向其遗属发给一次性丧葬补助金和抚恤金。所需资金从失业保险基金中支付。

个人死亡同时符合领取基本养老保险丧葬补助金、工伤保险丧葬补助金和失业保险丧葬补助金条件的，其遗属只能选择领取其中的一项。

第五十条 用人单位应当及时为失业人员出具终止或者解除劳动关系的证明，并将失业人员的名单自终止或者解除劳动关系之日起十五日内告知社会保险经办机构。

失业人员应当持本单位为其出具的终止或者解除劳动关系的证明，及时到指定的公共就业服务机构办理失业登记。

失业人员凭失业登记证明和个人身份证明，到社会保险经办机构办理领取失业保险金的手续。失业保险金领取期限自办理失业登记之日起计算。

第五十一条 失业人员在领取失业保险金期间有下列情形之一的，停止领取失业保险金，并同时停止享受其他失业保险待遇：

（一）重新就业的；

（二）应征服兵役的；

（三）移居境外的；

（四）享受基本养老保险待遇的；

（五）无正当理由，拒不接受当地人民政府指定部门或者机构介绍的适当工作或者提供的培训的。

第五十二条 职工跨统筹地区就业的，其失业保险关系随本人转移，缴费年限累计计算。

第六章 生育保险

第五十三条 职工应当参加生育保险，由用人单位按照国家规定缴纳生育保险费，职工不缴纳生育保险费。

第五十四条 用人单位已经缴纳生育保险费的，其职工享受生育保险待遇；职工未就业配偶按照国家规定享受生育医疗费用待遇。所需资金从生育保险基金中支付。

生育保险待遇包括生育医疗费用和生育津贴。

第五十五条 生育医疗费用包括下列各项：

（一）生育的医疗费用；

（二）计划生育的医疗费用；

（三）法律、法规规定的其他项目费用。

第五十六条 职工有下列情形之一的，可以按照国家规定享受生育津贴：

（一）女职工生育享受产假；

（二）享受计划生育手术休假；

（三）法律、法规规定的其他情形。

生育津贴按照职工所在用人单位上年度职工月平均工资计发。

第七章 社会保险费征缴

第五十七条 用人单位应当自成立之日起三十日内凭营业执照、登记证书或者单位印章，向当地社会保险经办机构申请办理社会保险登记。社会保险经办机构应当自收到申请之日起十五日内予以审核，发给社会保险登记证件。

用人单位的社会保险登记事项发生变更或者用人单位依法终止的，应当自变更或者终止之日起三十日内，到社会保险经办机构办理变更或者注销社会保险登记。

工商行政管理部门、民政部门和机构编制管理机关应当及时向社会保险经办机构通报用人单位的成立、终止情况，公安机关应当及时向社会保险经办机构通报个人的出生、死亡以及户口登记、迁移、注销等情况。

第五十八条 用人单位应当自用工之日起三十日内为其职工向社会保险经办机构申请办理社会保险登记。未办理社会保险登记的，由社会保险经办机构核定其应当缴纳的社会保险费。

自愿参加社会保险的无雇工的个体工商户、未在用人单位参加社会保险的非全日制从业人员以及其他灵活就业人员，应当向社会保险经办机构申请办理社会保险登记。

国家建立全国统一的个人社会保障号码。个人社会保障号码为公民身份号码。

第五十九条 县级以上人民政府加强社会保险费的征收工作。

社会保险费实行统一征收，实施步骤和具体办法由国务院规定。

第六十条 用人单位应当自行申报、按时足额缴纳社会保险费，非因不可抗力等法定事由不得缓缴、减免。职工应当缴纳的社会保险费由用人单位代扣代缴，用人单位应当按月将缴纳社会保险费的明细情况告知本人。

无雇工的个体工商户、未在用人单位参加社会保险的非全日制从业人员以及其他灵活就业人员，可以直接向社会保险费征收机构缴纳社会保险费。

第六十一条 社会保险费征收机构应当依法按时足额征收社会保险费，并将缴费情况定期告知用人单位和个人。

第六十二条 用人单位未按规定申报应当缴纳的社会保险费数额的，按照该单位上月缴费额的百分之一百一十确定应当缴纳数额；缴费单位补办申报手续后，由社会保险费征收机构按照规定结算。

第六十三条 用人单位未按时足额缴纳社会保险费的，由社会保险费征收机构责令其限期缴纳或者补足。

用人单位逾期仍未缴纳或者补足社会保险费的，社会保险费征收机构可以向银行和其他金融机构查询其存款账户；并可以申请县级以上有关行政部门作出划拨社会保险费的决定，书面通知其开户银行或者其他金融机构划拨社会保险费。用人单位账户余额少于应当缴纳的社会保险费的，社会保险费征收机构可以要求该用人单位提供担保，签订延期缴费协议。

用人单位未足额缴纳社会保险费且未提供担保的，社会保险费征收机构可以申请人民法院扣押、查封、拍卖其价值相当于应当缴纳社会保险费的财产，以拍卖所得抵缴社会保险费。

第八章　社会保险基金

第六十四条　社会保险基金包括基本养老保险基金、基本医疗保险基金、工伤保险基金、失业保险基金和生育保险基金。各项社会保险基金按照社会保险险种分别建账，分账核算，执行国家统一的会计制度。

社会保险基金专款专用，任何组织和个人不得侵占或者挪用。

基本养老保险基金逐步实行全国统筹，其他社会保险基金逐步实行省级统筹，具体时间、步骤由国务院规定。

第六十五条　社会保险基金通过预算实现收支平衡。

县级以上人民政府在社会保险基金出现支付不足时，给予补贴。

第六十六条　社会保险基金按照统筹层次设立预算。社会保险基金预算按照社会保险项目分别编制。

第六十七条　社会保险基金预算、决算草案的编制、审核和批准，依照法律和国务院规定执行。

第六十八条 社会保险基金存入财政专户，具体管理办法由国务院规定。

第六十九条 社会保险基金在保证安全的前提下，按照国务院规定投资运营实现保值增值。

社会保险基金不得违规投资运营，不得用于平衡其他政府预算，不得用于兴建、改建办公场所和支付人员经费、运行费用、管理费用，或者违反法律、行政法规规定挪作其他用途。

第七十条 社会保险经办机构应当定期向社会公布参加社会保险情况以及社会保险基金的收入、支出、结余和收益情况。

第七十一条 国家设立全国社会保障基金，由中央财政预算拨款以及国务院批准的其他方式筹集的资金构成，用于社会保障支出的补充、调剂。全国社会保障基金由全国社会保障基金管理运营机构负责管理运营，在保证安全的前提下实现保值增值。

全国社会保障基金应当定期向社会公布收支、管理和投资运营的情况。国务院财政部门、社会保险行政部门、审计机关对全国社会保障基金的收支、管理和投资运营情况实施监督。

第九章 社会保险经办

第七十二条 统筹地区设立社会保险经办机构。社会保险经办机构根据工作需要，经所在地的社会保险行政部门和机构编制管理机关批准，可以在本统筹地区设立分支机构和服务网点。

社会保险经办机构的人员经费和经办社会保险发生的基本

运行费用、管理费用，由同级财政按照国家规定予以保障。

第七十三条 社会保险经办机构应当建立健全业务、财务、安全和风险管理制度。

社会保险经办机构应当按时足额支付社会保险待遇。

第七十四条 社会保险经办机构通过业务经办、统计、调查获取社会保险工作所需的数据，有关单位和个人应当及时、如实提供。

社会保险经办机构应当及时为用人单位建立档案，完整、准确地记录参加社会保险的人员、缴费等社会保险数据，妥善保管登记、申报的原始凭证和支付结算的会计凭证。

社会保险经办机构应当及时、完整、准确地记录参加社会保险的个人缴费和用人单位为其缴费，以及享受社会保险待遇等个人权益记录，定期将个人权益记录单免费寄送本人。

用人单位和个人可以免费向社会保险经办机构查询、核对其缴费和享受社会保险待遇记录，要求社会保险经办机构提供社会保险咨询等相关服务。

第七十五条 全国社会保险信息系统按照国家统一规划，由县级以上人民政府按照分级负责的原则共同建设。

第十章 社会保险监督

第七十六条 各级人民代表大会常务委员会听取和审议本级人民政府对社会保险基金的收支、管理、投资运营以及监督检查情况的专项工作报告，组织对本法实施情况的执法检查等，依法行使监督职权。

第七十七条 县级以上人民政府社会保险行政部门应当加

强对用人单位和个人遵守社会保险法律、法规情况的监督检查。

社会保险行政部门实施监督检查时，被检查的用人单位和个人应当如实提供与社会保险有关的资料，不得拒绝检查或者谎报、瞒报。

第七十八条 财政部门、审计机关按照各自职责，对社会保险基金的收支、管理和投资运营情况实施监督。

第七十九条 社会保险行政部门对社会保险基金的收支、管理和投资运营情况进行监督检查，发现存在问题的，应当提出整改建议，依法作出处理决定或者向有关行政部门提出处理建议。社会保险基金检查结果应当定期向社会公布。

社会保险行政部门对社会保险基金实施监督检查，有权采取下列措施：

（一）查阅、记录、复制与社会保险基金收支、管理和投资运营相关的资料，对可能被转移、隐匿或者灭失的资料予以封存；

（二）询问与调查事项有关的单位和个人，要求其对与调查事项有关的问题作出说明、提供有关证明材料；

（三）对隐匿、转移、侵占、挪用社会保险基金的行为予以制止并责令改正。

第八十条 统筹地区人民政府成立由用人单位代表、参保人员代表，以及工会代表、专家等组成的社会保险监督委员会，掌握、分析社会保险基金的收支、管理和投资运营情况，对社会保险工作提出咨询意见和建议，实施社会监督。

社会保险经办机构应当定期向社会保险监督委员会汇报社

会保险基金的收支、管理和投资运营情况。社会保险监督委员会可以聘请会计师事务所对社会保险基金的收支、管理和投资运营情况进行年度审计和专项审计。审计结果应当向社会公开。

社会保险监督委员会发现社会保险基金收支、管理和投资运营中存在问题的，有权提出改正建议；对社会保险经办机构及其工作人员的违法行为，有权向有关部门提出依法处理建议。

第八十一条 社会保险行政部门和其他有关行政部门、社会保险经办机构、社会保险费征收机构及其工作人员，应当依法为用人单位和个人的信息保密，不得以任何形式泄露。

第八十二条 任何组织或者个人有权对违反社会保险法律、法规的行为进行举报、投诉。

社会保险行政部门、卫生行政部门、社会保险经办机构、社会保险费征收机构和财政部门、审计机关对属于本部门、本机构职责范围的举报、投诉，应当依法处理；对不属于本部门、本机构职责范围的，应当书面通知并移交有权处理的部门、机构处理。有权处理的部门、机构应当及时处理，不得推诿。

第八十三条 用人单位或者个人认为社会保险费征收机构的行为侵害自己合法权益的，可以依法申请行政复议或者提起行政诉讼。

用人单位或者个人对社会保险经办机构不依法办理社会保险登记、核定社会保险费、支付社会保险待遇、办理社会保险转移接续手续或者侵害其他社会保险权益的行为，可以依法申请行政复议或者提起行政诉讼。

个人与所在用人单位发生社会保险争议的，可以依法申请调解、仲裁，提起诉讼。用人单位侵害个人社会保险权益的，个人也可以要求社会保险行政部门或者社会保险费征收机构依法处理。

第十一章　法律责任

第八十四条　用人单位不办理社会保险登记的，由社会保险行政部门责令限期改正；逾期不改正的，对用人单位处应缴社会保险费数额一倍以上三倍以下的罚款，对其直接负责的主管人员和其他直接责任人员处五百元以上三千元以下的罚款。

第八十五条　用人单位拒不出具终止或者解除劳动关系证明的，依照《中华人民共和国劳动合同法》的规定处理。

第八十六条　用人单位未按时足额缴纳社会保险费的，由社会保险费征收机构责令限期缴纳或者补足，并自欠缴之日起，按日加收万分之五的滞纳金；逾期仍不缴纳的，由有关行政部门处欠缴数额一倍以上三倍以下的罚款。

第八十七条　社会保险经办机构以及医疗机构、药品经营单位等社会保险服务机构以欺诈、伪造证明材料或者其他手段骗取社会保险基金支出的，由社会保险行政部门责令退回骗取的社会保险金，处骗取金额二倍以上五倍以下的罚款；属于社会保险服务机构的，解除服务协议；直接负责的主管人员和其他直接责任人员有执业资格的，依法吊销其执业资格。

第八十八条　以欺诈、伪造证明材料或者其他手段骗取社会保险待遇的，由社会保险行政部门责令退回骗取的社会保险金，处骗取金额二倍以上五倍以下的罚款。

第八十九条 社会保险经办机构及其工作人员有下列行为之一的，由社会保险行政部门责令改正；给社会保险基金、用人单位或者个人造成损失的，依法承担赔偿责任；对直接负责的主管人员和其他直接责任人员依法给予处分：

（一）未履行社会保险法定职责的；

（二）未将社会保险基金存入财政专户的；

（三）克扣或者拒不按时支付社会保险待遇的；

（四）丢失或者篡改缴费记录、享受社会保险待遇记录等社会保险数据、个人权益记录的；

（五）有违反社会保险法律、法规的其他行为的。

第九十条 社会保险费征收机构擅自更改社会保险费缴费基数、费率，导致少收或者多收社会保险费的，由有关行政部门责令其追缴应当缴纳的社会保险费或者退还不应当缴纳的社会保险费；对直接负责的主管人员和其他直接责任人员依法给予处分。

第九十一条 违反本法规定，隐匿、转移、侵占、挪用社会保险基金或者违规投资运营的，由社会保险行政部门、财政部门、审计机关责令追回；有违法所得的，没收违法所得；对直接负责的主管人员和其他直接责任人员依法给予处分。

第九十二条 社会保险行政部门和其他有关行政部门、社会保险经办机构、社会保险费征收机构及其工作人员泄露用人单位和个人信息的，对直接负责的主管人员和其他直接责任人员依法给予处分；给用人单位或者个人造成损失的，应当承担赔偿责任。

第九十三条 国家工作人员在社会保险管理、监督工作中滥用职权、玩忽职守、徇私舞弊的，依法给予处分。

第九十四条 违反本法规定，构成犯罪的，依法追究刑事责任。

第十二章 附 则

第九十五条 进城务工的农村居民依照本法规定参加社会保险。

第九十六条 征收农村集体所有的土地，应当足额安排被征地农民的社会保险费，按照国务院规定将被征地农民纳入相应的社会保险制度。

第九十七条 外国人在中国境内就业的，参照本法规定参加社会保险。

第九十八条 本法自 2011 年 7 月 1 日起施行。

中华人民共和国行政诉讼法

（1989 年 4 月 4 日第七届全国人民代表大会第二次会议通过　根据 2014 年 11 月 1 日第十二届全国人民代表大会常务委员会第十一次会议《关于修改〈中华人民共和国行政诉讼法〉的决定》第一次修正　根据 2017 年 6 月 27 日第十二届全国人民代表大会常务委员会第二十八次会议《关于修改〈中华人民共和国民事诉讼法〉和〈中华人民共和国行政诉讼法〉的决定》第二次修正）

第一章　总　则

第一条　为保证人民法院公正、及时审理行政案件，解决行政争议，保护公民、法人和其他组织的合法权益，监督行政机关依法行使职权，根据宪法，制定本法。

第二条　公民、法人或者其他组织认为行政机关和行政机关工作人员的行政行为侵犯其合法权益，有权依照本法向人民法院提起诉讼。

前款所称行政行为，包括法律、法规、规章授权的组织作出的行政行为。

第三条　人民法院应当保障公民、法人和其他组织的起诉权利，对应当受理的行政案件依法受理。

行政机关及其工作人员不得干预、阻碍人民法院受理行政案件。

被诉行政机关负责人应当出庭应诉。不能出庭的，应当委托行政机关相应的工作人员出庭。

第四条 人民法院依法对行政案件独立行使审判权，不受行政机关、社会团体和个人的干涉。

人民法院设行政审判庭，审理行政案件。

第五条 人民法院审理行政案件，以事实为根据，以法律为准绳。

第六条 人民法院审理行政案件，对行政行为是否合法进行审查。

第七条 人民法院审理行政案件，依法实行合议、回避、公开审判和两审终审制度。

第八条 当事人在行政诉讼中的法律地位平等。

第九条 各民族公民都有用本民族语言、文字进行行政诉讼的权利。

在少数民族聚居或者多民族共同居住的地区，人民法院应当用当地民族通用的语言、文字进行审理和发布法律文书。

人民法院应当对不通晓当地民族通用的语言、文字的诉讼参与人提供翻译。

第十条 当事人在行政诉讼中有权进行辩论。

第十一条 人民检察院有权对行政诉讼实行法律监督。

第二章 受案范围

第十二条 人民法院受理公民、法人或者其他组织提起的下列诉讼：

（一）对行政拘留、暂扣或者吊销许可证和执照、责令停产停业、没收违法所得、没收非法财物、罚款、警告等行政处罚不服的；

（二）对限制人身自由或者对财产的查封、扣押、冻结等行政强制措施和行政强制执行不服的；

（三）申请行政许可，行政机关拒绝或者在法定期限内不予答复，或者对行政机关作出的有关行政许可的其他决定不服的；

（四）对行政机关作出的关于确认土地、矿藏、水流、森林、山岭、草原、荒地、滩涂、海域等自然资源的所有权或者使用权的决定不服的；

（五）对征收、征用决定及其补偿决定不服的；

（六）申请行政机关履行保护人身权、财产权等合法权益的法定职责，行政机关拒绝履行或者不予答复的；

（七）认为行政机关侵犯其经营自主权或者农村土地承包经营权、农村土地经营权的；

（八）认为行政机关滥用行政权力排除或者限制竞争的；

（九）认为行政机关违法集资、摊派费用或者违法要求履行其他义务的；

（十）认为行政机关没有依法支付抚恤金、最低生活保障待遇或者社会保险待遇的；

（十一）认为行政机关不依法履行、未按照约定履行或者违法变更、解除政府特许经营协议、土地房屋征收补偿协议等协议的；

（十二）认为行政机关侵犯其他人身权、财产权等合法权益的。

除前款规定外，人民法院受理法律、法规规定可以提起诉讼的其他行政案件。

第十三条 人民法院不受理公民、法人或者其他组织对下列事项提起的诉讼：

（一）国防、外交等国家行为；

（二）行政法规、规章或者行政机关制定、发布的具有普遍约束力的决定、命令；

（三）行政机关对行政机关工作人员的奖惩、任免等决定；

（四）法律规定由行政机关最终裁决的行政行为。

第三章 管 辖

第十四条 基层人民法院管辖第一审行政案件。

第十五条 中级人民法院管辖下列第一审行政案件：

（一）对国务院部门或者县级以上地方人民政府所作的行政行为提起诉讼的案件；

（二）海关处理的案件；

（三）本辖区内重大、复杂的案件；

（四）其他法律规定由中级人民法院管辖的案件。

第十六条 高级人民法院管辖本辖区内重大、复杂的第一审行政案件。

第十七条 最高人民法院管辖全国范围内重大、复杂的第一审行政案件。

第十八条 行政案件由最初作出行政行为的行政机关所在地人民法院管辖。经复议的案件，也可以由复议机关所在地人民法院管辖。

经最高人民法院批准，高级人民法院可以根据审判工作的实际情况，确定若干人民法院跨行政区域管辖行政案件。

第十九条 对限制人身自由的行政强制措施不服提起的诉讼，由被告所在地或者原告所在地人民法院管辖。

第二十条 因不动产提起的行政诉讼，由不动产所在地人民法院管辖。

第二十一条 两个以上人民法院都有管辖权的案件，原告可以选择其中一个人民法院提起诉讼。原告向两个以上有管辖权的人民法院提起诉讼的，由最先立案的人民法院管辖。

第二十二条 人民法院发现受理的案件不属于本院管辖的，应当移送有管辖权的人民法院，受移送的人民法院应当受理。受移送的人民法院认为受移送的案件按照规定不属于本院管辖的，应当报请上级人民法院指定管辖，不得再自行移送。

第二十三条 有管辖权的人民法院由于特殊原因不能行使管辖权的，由上级人民法院指定管辖。

人民法院对管辖权发生争议，由争议双方协商解决。协商不成的，报它们的共同上级人民法院指定管辖。

第二十四条 上级人民法院有权审理下级人民法院管辖的第一审行政案件。

下级人民法院对其管辖的第一审行政案件，认为需要由上级人民法院审理或者指定管辖的，可以报请上级人民法院决定。

第四章 诉讼参加人

第二十五条 行政行为的相对人以及其他与行政行为有利害关系的公民、法人或者其他组织，有权提起诉讼。

有权提起诉讼的公民死亡，其近亲属可以提起诉讼。

有权提起诉讼的法人或者其他组织终止，承受其权利的法人或者其他组织可以提起诉讼。

人民检察院在履行职责中发现生态环境和资源保护、食品药品安全、国有财产保护、国有土地使用权出让等领域负有监督管理职责的行政机关违法行使职权或者不作为，致使国家利益或者社会公共利益受到侵害的，应当向行政机关提出检察建议，督促其依法履行职责。行政机关不依法履行职责的，人民检察院依法向人民法院提起诉讼。

第二十六条 公民、法人或者其他组织直接向人民法院提起诉讼的，作出行政行为的行政机关是被告。

经复议的案件，复议机关决定维持原行政行为的，作出原行政行为的行政机关和复议机关是共同被告；复议机关改变原行政行为的，复议机关是被告。

复议机关在法定期限内未作出复议决定，公民、法人或者其他组织起诉原行政行为的，作出原行政行为的行政机关是被告；起诉复议机关不作为的，复议机关是被告。

两个以上行政机关作出同一行政行为的，共同作出行政行为的行政机关是共同被告。

行政机关委托的组织所作的行政行为，委托的行政机关是被告。

行政机关被撤销或者职权变更的，继续行使其职权的行政机关是被告。

第二十七条 当事人一方或者双方为二人以上，因同一行政行为发生的行政案件，或者因同类行政行为发生的行政案件、人民法院认为可以合并审理并经当事人同意的，为共同诉讼。

第二十八条 当事人一方人数众多的共同诉讼，可以由当事人推选代表人进行诉讼。代表人的诉讼行为对其所代表的当事人发生效力，但代表人变更、放弃诉讼请求或者承认对方当事人的诉讼请求，应当经被代表的当事人同意。

第二十九条 公民、法人或者其他组织同被诉行政行为有利害关系但没有提起诉讼，或者同案件处理结果有利害关系的，可以作为第三人申请参加诉讼，或者由人民法院通知参加诉讼。

人民法院判决第三人承担义务或者减损第三人权益的，第三人有权依法提起上诉。

第三十条 没有诉讼行为能力的公民，由其法定代理人代为诉讼。法定代理人互相推诿代理责任的，由人民法院指定其中一人代为诉讼。

第三十一条 当事人、法定代理人，可以委托一至二人作为诉讼代理人。

下列人员可以被委托为诉讼代理人：

（一）律师、基层法律服务工作者；

（二）当事人的近亲属或者工作人员；

（三）当事人所在社区、单位以及有关社会团体推荐的公民。

第三十二条 代理诉讼的律师，有权按照规定查阅、复制本案有关材料，有权向有关组织和公民调查，收集与本案有关的证据。对涉及国家秘密、商业秘密和个人隐私的材料，应当依照法律规定保密。

当事人和其他诉讼代理人有权按照规定查阅、复制本案庭审材料，但涉及国家秘密、商业秘密和个人隐私的内容除外。

第五章 证 据

第三十三条 证据包括：

（一）书证；

（二）物证；

（三）视听资料；

（四）电子数据；

（五）证人证言；

（六）当事人的陈述；

（七）鉴定意见；

（八）勘验笔录、现场笔录。

以上证据经法庭审查属实，才能作为认定案件事实的根据。

第三十四条 被告对作出的行政行为负有举证责任，应当提供作出该行政行为的证据和所依据的规范性文件。

被告不提供或者无正当理由逾期提供证据，视为没有相应证据。但是，被诉行政行为涉及第三人合法权益，第三人提供证据的除外。

第三十五条 在诉讼过程中，被告及其诉讼代理人不得自行向原告、第三人和证人收集证据。

第三十六条 被告在作出行政行为时已经收集了证据，但因不可抗力等正当事由不能提供的，经人民法院准许，可以延期提供。

原告或者第三人提出了其在行政处理程序中没有提出的理由或者证据的，经人民法院准许，被告可以补充证据。

第三十七条 原告可以提供证明行政行为违法的证据。原告提供的证据不成立的，不免除被告的举证责任。

第三十八条 在起诉被告不履行法定职责的案件中，原告应当提供其向被告提出申请的证据。但有下列情形之一的除外：

（一）被告应当依职权主动履行法定职责的；

（二）原告因正当理由不能提供证据的。

在行政赔偿、补偿的案件中，原告应当对行政行为造成的损害提供证据。因被告的原因导致原告无法举证的，由被告承担举证责任。

第三十九条 人民法院有权要求当事人提供或者补充证据。

第四十条 人民法院有权向有关行政机关以及其他组织、公民调取证据。但是，不得为证明行政行为的合法性调取被告作出行政行为时未收集的证据。

第四十一条 与本案有关的下列证据，原告或者第三人不能自行收集的，可以申请人民法院调取：

（一）由国家机关保存而须由人民法院调取的证据；

（二）涉及国家秘密、商业秘密和个人隐私的证据；

（三）确因客观原因不能自行收集的其他证据。

第四十二条 在证据可能灭失或者以后难以取得的情况下，诉讼参加人可以向人民法院申请保全证据，人民法院也可以主动采取保全措施。

第四十三条 证据应当在法庭上出示，并由当事人互相质证。对涉及国家秘密、商业秘密和个人隐私的证据，不得在公开开庭时出示。

人民法院应当按照法定程序，全面、客观地审查核实证据。对未采纳的证据应当在裁判文书中说明理由。

以非法手段取得的证据，不得作为认定案件事实的根据。

第六章 起诉和受理

第四十四条 对属于人民法院受案范围的行政案件，公民、法人或者其他组织可以先向行政机关申请复议，对复议决定不服的，再向人民法院提起诉讼；也可以直接向人民法院提起诉讼。

法律、法规规定应当先向行政机关申请复议，对复议决定不服再向人民法院提起诉讼的，依照法律、法规的规定。

第四十五条 公民、法人或者其他组织不服复议决定的，可以在收到复议决定书之日起十五日内向人民法院提起诉讼。复议机关逾期不作决定的，申请人可以在复议期满之日起十五日内向人民法院提起诉讼。法律另有规定的除外。

第四十六条 公民、法人或者其他组织直接向人民法院提起诉讼的，应当自知道或者应当知道作出行政行为之日起六个月内提出。法律另有规定的除外。

因不动产提起诉讼的案件自行政行为作出之日起超过二十年，其他案件自行政行为作出之日起超过五年提起诉讼的，人民法院不予受理。

第四十七条 公民、法人或者其他组织申请行政机关履行保护其人身权、财产权等合法权益的法定职责，行政机关在接到申请之日起两个月内不履行的，公民、法人或者其他组织可以向人民法院提起诉讼。法律、法规对行政机关履行职责的期限另有规定的，从其规定。

公民、法人或者其他组织在紧急情况下请求行政机关履行保护其人身权、财产权等合法权益的法定职责，行政机关不履行的，提起诉讼不受前款规定期限的限制。

第四十八条 公民、法人或者其他组织因不可抗力或者其他不属于其自身的原因耽误起诉期限的，被耽误的时间不计算在起诉期限内。

公民、法人或者其他组织因前款规定以外的其他特殊情况耽误起诉期限的，在障碍消除后十日内，可以申请延长期限，是否准许由人民法院决定。

第四十九条 提起诉讼应当符合下列条件：

（一）原告是符合本法第二十五条规定的公民、法人或者其他组织；

（二）有明确的被告；

（三）有具体的诉讼请求和事实根据；

（四）属于人民法院受案范围和受诉人民法院管辖。

第五十条 起诉应当向人民法院递交起诉状，并按照被告人数提出副本。

书写起诉状确有困难的，可以口头起诉，由人民法院记入笔录，出具注明日期的书面凭证，并告知对方当事人。

第五十一条 人民法院在接到起诉状时对符合本法规定的起诉条件的，应当登记立案。

对当场不能判定是否符合本法规定的起诉条件的，应当接收起诉状，出具注明收到日期的书面凭证，并在七日内决定是否立案。不符合起诉条件的，作出不予立案的裁定。裁定书应当载明不予立案的理由。原告对裁定不服的，可以提起上诉。

起诉状内容欠缺或者有其他错误的，应当给予指导和释明，并一次性告知当事人需要补正的内容。不得未经指导和释明即以起诉不符合条件为由不接收起诉状。

对于不接收起诉状、接收起诉状后不出具书面凭证，以及不一次性告知当事人需要补正的起诉状内容的，当事人可以向上级人民法院投诉，上级人民法院应当责令改正，并对直接负责的主管人员和其他直接责任人员依法给予处分。

第五十二条 人民法院既不立案，又不作出不予立案裁定的，当事人可以向上一级人民法院起诉。上一级人民法院认为符合起诉条件的，应当立案、审理，也可以指定其他下级人民法院立案、审理。

第五十三条 公民、法人或者其他组织认为行政行为所依据的国务院部门和地方人民政府及其部门制定的规范性文件不合法，在对行政行为提起诉讼时，可以一并请求对该规范性文件进行审查。

前款规定的规范性文件不含规章。

第七章　审理和判决

第一节　一般规定

第五十四条　人民法院公开审理行政案件，但涉及国家秘密、个人隐私和法律另有规定的除外。

涉及商业秘密的案件，当事人申请不公开审理的，可以不公开审理。

第五十五条　当事人认为审判人员与本案有利害关系或者有其他关系可能影响公正审判，有权申请审判人员回避。

审判人员认为自己与本案有利害关系或者有其他关系，应当申请回避。

前两款规定，适用于书记员、翻译人员、鉴定人、勘验人。

院长担任审判长时的回避，由审判委员会决定；审判人员的回避，由院长决定；其他人员的回避，由审判长决定。当事人对决定不服的，可以申请复议一次。

第五十六条　诉讼期间，不停止行政行为的执行。但有下列情形之一的，裁定停止执行：

（一）被告认为需要停止执行的；

（二）原告或者利害关系人申请停止执行，人民法院认为该行政行为的执行会造成难以弥补的损失，并且停止执行不损害国家利益、社会公共利益的；

（三）人民法院认为该行政行为的执行会给国家利益、社会公共利益造成重大损害的；

（四）法律、法规规定停止执行的。

当事人对停止执行或者不停止执行的裁定不服的，可以申请复议一次。

第五十七条 人民法院对起诉行政机关没有依法支付抚恤金、最低生活保障金和工伤、医疗社会保险金的案件，权利义务关系明确、不先予执行将严重影响原告生活的，可以根据原告的申请，裁定先予执行。

当事人对先予执行裁定不服的，可以申请复议一次。复议期间不停止裁定的执行。

第五十八条 经人民法院传票传唤，原告无正当理由拒不到庭，或者未经法庭许可中途退庭的，可以按照撤诉处理；被告无正当理由拒不到庭，或者未经法庭许可中途退庭的，可以缺席判决。

第五十九条 诉讼参与人或者其他人有下列行为之一的，人民法院可以根据情节轻重，予以训诫、责令具结悔过或者处一万元以下的罚款、十五日以下的拘留；构成犯罪的，依法追究刑事责任：

（一）有义务协助调查、执行的人，对人民法院的协助调查决定、协助执行通知书，无故推拖、拒绝或者妨碍调查、执行的；

（二）伪造、隐藏、毁灭证据或者提供虚假证明材料，妨碍人民法院审理案件的；

（三）指使、贿买、胁迫他人作伪证或者威胁、阻止证人作证的；

（四）隐藏、转移、变卖、毁损已被查封、扣押、冻结的财产的；

（五）以欺骗、胁迫等非法手段使原告撤诉的；

（六）以暴力、威胁或者其他方法阻碍人民法院工作人员执行职务，或者以哄闹、冲击法庭等方法扰乱人民法院工作秩序的；

（七）对人民法院审判人员或者其他工作人员、诉讼参与人、协助调查和执行的人员恐吓、侮辱、诽谤、诬陷、殴打、围攻或者打击报复的。

人民法院对有前款规定的行为之一的单位，可以对其主要负责人或者直接责任人员依照前款规定予以罚款、拘留；构成犯罪的，依法追究刑事责任。

罚款、拘留须经人民法院院长批准。当事人不服的，可以向上一级人民法院申请复议一次。复议期间不停止执行。

第六十条 人民法院审理行政案件，不适用调解。但是，行政赔偿、补偿以及行政机关行使法律、法规规定的自由裁量权的案件可以调解。

调解应当遵循自愿、合法原则，不得损害国家利益、社会公共利益和他人合法权益。

第六十一条 在涉及行政许可、登记、征收、征用和行政机关对民事争议所作的裁决的行政诉讼中，当事人申请一并解决相关民事争议的，人民法院可以一并审理。

在行政诉讼中，人民法院认为行政案件的审理需以民事诉讼的裁判为依据的，可以裁定中止行政诉讼。

第六十二条 人民法院对行政案件宣告判决或者裁定前，原告申请撤诉的，或者被告改变其所作的行政行为，原告同意并申请撤诉的，是否准许，由人民法院裁定。

第六十三条 人民法院审理行政案件，以法律和行政法规、地方性法规为依据。地方性法规适用于本行政区域内发生的行政案件。

人民法院审理民族自治地方的行政案件，并以该民族自治地方的自治条例和单行条例为依据。

人民法院审理行政案件，参照规章。

第六十四条 人民法院在审理行政案件中，经审查认为本法第五十三条规定的规范性文件不合法的，不作为认定行政行为合法的依据，并向制定机关提出处理建议。

第六十五条 人民法院应当公开发生法律效力的判决书、裁定书，供公众查阅，但涉及国家秘密、商业秘密和个人隐私的内容除外。

第六十六条 人民法院在审理行政案件中，认为行政机关的主管人员、直接责任人员违法违纪的，应当将有关材料移送监察机关、该行政机关或者其上一级行政机关；认为有犯罪行为的，应当将有关材料移送公安、检察机关。

人民法院对被告经传票传唤无正当理由拒不到庭，或者未经法庭许可中途退庭的，可以将被告拒不到庭或者中途退庭的情况予以公告，并可以向监察机关或者被告的上一级行政机关提出依法给予其主要负责人或者直接责任人员处分的司法建议。

第二节 第一审普通程序

第六十七条 人民法院应当在立案之日起五日内，将起诉状副本发送被告。被告应当在收到起诉状副本之日起十五日内向人民法院提交作出行政行为的证据和所依据的规范性文件，并提出答辩状。人民法院应当在收到答辩状之日起五日内，将答辩状副本发送原告。

被告不提出答辩状的，不影响人民法院审理。

第六十八条 人民法院审理行政案件，由审判员组成合议庭，或者由审判员、陪审员组成合议庭。合议庭的成员，应当是三人以上的单数。

第六十九条 行政行为证据确凿，适用法律、法规正确，符合法定程序的，或者原告申请被告履行法定职责或者给付义务理由不成立的，人民法院判决驳回原告的诉讼请求。

第七十条 行政行为有下列情形之一的，人民法院判决撤销或者部分撤销，并可以判决被告重新作出行政行为：

（一）主要证据不足的；

（二）适用法律、法规错误的；

（三）违反法定程序的；

（四）超越职权的；

（五）滥用职权的；

（六）明显不当的。

第七十一条 人民法院判决被告重新作出行政行为的，被告不得以同一的事实和理由作出与原行政行为基本相同的行政行为。

第七十二条 人民法院经过审理，查明被告不履行法定职责的，判决被告在一定期限内履行。

第七十三条 人民法院经过审理，查明被告依法负有给付义务的，判决被告履行给付义务。

第七十四条 行政行为有下列情形之一的，人民法院判决确认违法，但不撤销行政行为：

（一）行政行为依法应当撤销，但撤销会给国家利益、社会公共利益造成重大损害的；

（二）行政行为程序轻微违法，但对原告权利不产生实际影响的。

行政行为有下列情形之一，不需要撤销或者判决履行的，人民法院判决确认违法：

（一）行政行为违法，但不具有可撤销内容的；

（二）被告改变原违法行政行为，原告仍要求确认原行政行为违法的；

（三）被告不履行或者拖延履行法定职责，判决履行没有意义的。

第七十五条 行政行为有实施主体不具有行政主体资格或者没有依据等重大且明显违法情形，原告申请确认行政行为无效的，人民法院判决确认无效。

第七十六条 人民法院判决确认违法或者无效的，可以同时判决责令被告采取补救措施；给原告造成损失的，依法判决被告承担赔偿责任。

第七十七条 行政处罚明显不当，或者其他行政行为涉及对款额的确定、认定确有错误的，人民法院可以判决变更。

人民法院判决变更，不得加重原告的义务或者减损原告的权益。但利害关系人同为原告，且诉讼请求相反的除外。

第七十八条 被告不依法履行、未按照约定履行或者违法变更、解除本法第十二条第一款第十一项规定的协议的，人民法院判决被告承担继续履行、采取补救措施或者赔偿损失等责任。

被告变更、解除本法第十二条第一款第十一项规定的协议合法，但未依法给予补偿的，人民法院判决给予补偿。

第七十九条 复议机关与作出原行政行为的行政机关为共同被告的案件，人民法院应当对复议决定和原行政行为一并作出裁判。

第八十条 人民法院对公开审理和不公开审理的案件，一律公开宣告判决。

当庭宣判的，应当在十日内发送判决书；定期宣判的，宣判后立即发给判决书。

宣告判决时，必须告知当事人上诉权利、上诉期限和上诉的人民法院。

第八十一条 人民法院应当在立案之日起六个月内作出第一审判决。有特殊情况需要延长的，由高级人民法院批准，高级人民法院审理第一审案件需要延长的，由最高人民法院批准。

第三节 简易程序

第八十二条 人民法院审理下列第一审行政案件，认为事实清楚、权利义务关系明确、争议不大的，可以适用简易程序：

（一）被诉行政行为是依法当场作出的；

（二）案件涉及款额二千元以下的；

（三）属于政府信息公开案件的。

除前款规定以外的第一审行政案件，当事人各方同意适用简易程序的，可以适用简易程序。

发回重审、按照审判监督程序再审的案件不适用简易程序。

第八十三条 适用简易程序审理的行政案件，由审判员一人独任审理，并应当在立案之日起四十五日内审结。

第八十四条 人民法院在审理过程中，发现案件不宜适用简易程序的，裁定转为普通程序。

第四节 第二审程序

第八十五条 当事人不服人民法院第一审判决的，有权在判决书送达之日起十五日内向上一级人民法院提起上诉。当事人不服人民法院第一审裁定的，有权在裁定书送达之日起十日内向上一级人民法院提起上诉。逾期不提起上诉的，人民法院的第一审判决或者裁定发生法律效力。

第八十六条 人民法院对上诉案件，应当组成合议庭，开庭审理。经过阅卷、调查和询问当事人，对没有提出新的事实、证据或者理由，合议庭认为不需要开庭审理的，也可以不开庭审理。

第八十七条 人民法院审理上诉案件，应当对原审人民法院的判决、裁定和被诉行政行为进行全面审查。

第八十八条 人民法院审理上诉案件，应当在收到上诉状之日起三个月内作出终审判决。有特殊情况需要延长的，由高级人民法院批准，高级人民法院审理上诉案件需要延长的，由最高人民法院批准。

第八十九条 人民法院审理上诉案件，按照下列情形，分别处理：

（一）原判决、裁定认定事实清楚，适用法律、法规正确的，判决或者裁定驳回上诉，维持原判决、裁定；

（二）原判决、裁定认定事实错误或者适用法律、法规错误的，依法改判、撤销或者变更；

（三）原判决认定基本事实不清、证据不足的，发回原审人民法院重审，或者查清事实后改判；

（四）原判决遗漏当事人或者违法缺席判决等严重违反法定程序的，裁定撤销原判决，发回原审人民法院重审。

原审人民法院对发回重审的案件作出判决后，当事人提起上诉的，第二审人民法院不得再次发回重审。

人民法院审理上诉案件，需要改变原审判决的，应当同时对被诉行政行为作出判决。

第五节　审判监督程序

第九十条 当事人对已经发生法律效力的判决、裁定，认为确有错误的，可以向上一级人民法院申请再审，但判决、裁定不停止执行。

第九十一条 当事人的申请符合下列情形之一的，人民法院应当再审：

（一）不予立案或者驳回起诉确有错误的；

（二）有新的证据，足以推翻原判决、裁定的；

（三）原判决、裁定认定事实的主要证据不足、未经质证或者系伪造的；

（四）原判决、裁定适用法律、法规确有错误的；

（五）违反法律规定的诉讼程序，可能影响公正审判的；

（六）原判决、裁定遗漏诉讼请求的；

（七）据以作出原判决、裁定的法律文书被撤销或者变更的；

（八）审判人员在审理该案件时有贪污受贿、徇私舞弊、枉法裁判行为的。

第九十二条 各级人民法院院长对本院已经发生法律效力的判决、裁定，发现有本法第九十一条规定情形之一，或者发现调解违反自愿原则或者调解书内容违法，认为需要再审的，应当提交审判委员会讨论决定。

最高人民法院对地方各级人民法院已经发生法律效力的判决、裁定，上级人民法院对下级人民法院已经发生法律效力的判决、裁定，发现有本法第九十一条规定情形之一，或者发现调解违反自愿原则或者调解书内容违法的，有权提审或者指令下级人民法院再审。

第九十三条 最高人民检察院对各级人民法院已经发生法律效力的判决、裁定，上级人民检察院对下级人民法院已经发生法律效力的判决、裁定，发现有本法第九十一条规定情形之一，或者发现调解书损害国家利益、社会公共利益的，应当提出抗诉。

地方各级人民检察院对同级人民法院已经发生法律效力的判决、裁定，发现有本法第九十一条规定情形之一，或者发现调解书损害国家利益、社会公共利益的，可以向同级人民法院提出检察建议，并报上级人民检察院备案；也可以提请上级人民检察院向同级人民法院提出抗诉。

各级人民检察院对审判监督程序以外的其他审判程序中审判人员的违法行为，有权向同级人民法院提出检察建议。

第八章 执 行

第九十四条 当事人必须履行人民法院发生法律效力的判决、裁定、调解书。

第九十五条 公民、法人或者其他组织拒绝履行判决、裁定、调解书的，行政机关或者第三人可以向第一审人民法院申请强制执行，或者由行政机关依法强制执行。

第九十六条 行政机关拒绝履行判决、裁定、调解书的，第一审人民法院可以采取下列措施：

（一）对应当归还的罚款或者应当给付的款额，通知银行从该行政机关的账户内划拨；

（二）在规定期限内不履行的，从期满之日起，对该行政机关负责人按日处五十元至一百元的罚款；

（三）将行政机关拒绝履行的情况予以公告；

（四）向监察机关或者该行政机关的上一级行政机关提出司法建议。接受司法建议的机关，根据有关规定进行处理，并将处理情况告知人民法院；

（五）拒不履行判决、裁定、调解书，社会影响恶劣的，可以对该行政机关直接负责的主管人员和其他直接责任人员予以拘留；情节严重，构成犯罪的，依法追究刑事责任。

第九十七条 公民、法人或者其他组织对行政行为在法定期限内不提起诉讼又不履行的，行政机关可以申请人民法院强制执行，或者依法强制执行。

第九章　涉外行政诉讼

第九十八条　外国人、无国籍人、外国组织在中华人民共和国进行行政诉讼，适用本法。法律另有规定的除外。

第九十九条　外国人、无国籍人、外国组织在中华人民共和国进行行政诉讼，同中华人民共和国公民、组织有同等的诉讼权利和义务。

外国法院对中华人民共和国公民、组织的行政诉讼权利加以限制的，人民法院对该国公民、组织的行政诉讼权利，实行对等原则。

第一百条　外国人、无国籍人、外国组织在中华人民共和国进行行政诉讼，委托律师代理诉讼的，应当委托中华人民共和国律师机构的律师。

第十章　附　则

第一百零一条　人民法院审理行政案件，关于期间、送达、财产保全、开庭审理、调解、中止诉讼、终结诉讼、简易程序、执行等，以及人民检察院对行政案件受理、审理、裁判、执行的监督，本法没有规定的，适用《中华人民共和国民事诉讼法》的相关规定。

第一百零二条　人民法院审理行政案件，应当收取诉讼费用。诉讼费用由败诉方承担，双方都有责任的由双方分担。收取诉讼费用的具体办法另行规定。

第一百零三条　本法自 1990 年 10 月 1 日起施行。

参考文献

一、期刊和学位论文

1. 朱芒:“论行政规定的性质——从行政规范体系角度的定位”，载《中国法学》2003 年第 1 期。

2. 刘松山:“当代中国处理立法与改革关系的策略”，载《法学》2014 年第 1 期。

3. 刘松山:“彭真与宪法监督”，载《华东政法大学学报》2011 年第 5 期。

4. 何海波:“论行政行为‘明显不当’”，载《法学研究》2016 年第 3 期。

5. 黄娟:“论行政法规范解释的司法审查——基于 90 个工商行政管理案例的分析”，载《华东政法大学学报》2012 年第 6 期。

6. 游麒麟:“在稳定工作中预防和化解历史遗留问题的对策研究”，载《上海政法学院学报》2003 年第 1 期。

7. 王光辉:“一个案件，八份判决——从一个案例看行政诉讼与民事诉讼的交叉与协调”，载《中外法学》1998 年第 2 期。

8. 杨建顺:“行政、民事争议交叉案件审理机制的困境与对策”，载《法律适用》2009 年第 5 期。

9. 杨海坤:“群体性事件有效化解的法治路径”，载《政治与法律》2011

年第 11 期。

10. 李亚虹:“对转型期中央与地方立法关系的思考”,载《中国法学》1996 年第 1 期。
11. 郑尚元、扈春海:“中国社会保险立法进路之分析——中国社会保险立法体例再分析”,载《现代法学》2010 年第 3 期。
12. 郑尚元:“公开、规范与定型——养老保险制度从政策到法律——中国社会保险立法的进路分析”,载《法学》2005 年第 9 期。
13. 郑尚元:“侵权行为法到社会保障法的结构调整——以受雇人人身伤害之权利救济的视角”,载《现代法学》2004 年第 3 期。
14. 胡敏洁:“论社会权的可裁判性”,载《法律科学》2006 年第 5 期。
15. 陈兴良:“形式解释论的再宣示”,载《中国法学》2010 年第 4 期。
16. 陈端洪:“对峙——从行政诉讼看中国的宪政出路”,载《中外法学》1995 年第 4 期。
17. 张姝:“对我国社会保障争议解决机制的理论反思——基于权利救济的考察”,载《当代法学》2009 年第 6 期。
18. 杨华:“社会保障普通法权利初探”,载《河北法学》2009 年第 2 期。
19. 李雄:“论我国劳动合同立法的宗旨、功能与治理”,载《当代法学》2015 年第 5 期。
20. 罗豪才、宋功德:“行政法的治理逻辑”,载《中国法学》2011 年第 2 期。
21. 李康宁:“论民法的逻辑表达”,载《法制与社会发展》2012 年第 5 期。
22. 孙大伟:“探寻一种更具解释力的侵权法理论——对矫正正义与经济分析理论的解析”,载《当代法学》2011 年第 2 期。
23. 丛中笑:“法与经济之学:法经济学与经济法学”,载《当代法学》2011 年第 2 期。

24. 周宝妹："社会保障法中的人——社会保障法被保障主体研究"，载《当代法学》2005 年第 1 期。

25. 林嘉："论社会保障法的社会法本质——兼论劳动法与社会保障法的关系"，载《法学家》2002 年第 1 期。

26. 熊科贻："健全我国社会保障法路径探讨"，载《法制与社会》2015 年第 9 期。

27. 崔凤、雷咸胜："全面推进依法治国背景下中国社会保障法治化研究"，载《学习与实践》2015 年第 2 期。

28. 李志明："中国社会保障法：一个初步的研究述评"，载《社会保障研究》2008 年第 2 期。

29. 马长山："'法治中国'建设的问题与出路"，载《法制与社会发展》2014 年第 3 期 .

30. 董溯战："论作为社会保障法基础的社会连带"，载《现代法学》2007 年第 1 期。

31. 赵迅、严颂："弱势群体保护的法哲学诠释——以社会连带为视角"，载《法学杂志》2006 年第 5 期。

32. 韩业斌："法治中国与地方法治互动的路径选择"，载《法学》2015 年第 9 期。

33. 粟瑜、王全兴："《意大利民法典》劳动编及其启示"，载《法学》2015 年第 10 期。

34. 孙国平："论劳动法的域外效力"，载《清华法学》2014 年第 4 期。

35. 孙国平："论劳动法上的强制性规范"，载《法学》2015 年第 9 期。

36. 宁红丽："民法强制性规范的反思与优化" 载《法学》2012 年第 4 期。

37. 李海明："论劳动法上的劳动者"，载《清华法学》2011 年第 2 期。

38. 章志远："我国行政诉讼司法建议制度之研究"，载《法商研究》2011 年第 2 期。

39. 徐昕："司法建议制度的改革与建议型司法的转型"，载《学习与探索》2011 年第 2 期

40. 郑智航："司法建议制度设计的认识偏差及校正——以法院参与社会管理创新为背景"，《法学》2015 年第 2 期。

41. 贺东航、孔繁斌："公共政策执行的中国经验"，载《中国社会科学》2011 年第 5 期。

42. 陆胤、李盛楠："分享经济模式对传统劳动关系的挑战——美国 Uber 案和解的一些借鉴"，载《中国劳动》2016 年第 16 期。

43. 王天玉："基于互联网平台提供劳务的劳动关系认定——以'e 代驾'在京、沪、穗三地法院的判决为切入点"，载《法学》2016 年第 6 期。

44. 唐清利："'专车'类共享经济的规制路径"，载《中国法学》2015 年第 4 期。

45. 唐鑛、李彦君、徐景昀："共享经济企业用工管理与《劳动合同法》制度创新"，载《中国劳动》2016 年第 14 期。

46. 谢德成："转型时期的劳动关系：趋势与思维嬗变"，载《四川大学学报》（哲学社会科学版）2016 年第 6 期。

47. 訾莉娜：《行政规定司法审查问题研究》，华东政法大学 2014 年博士学位论文。

二、学术专著与教科书

1. 龚祥瑞：《比较宪法与行政法》，法律出版社 2003 年版。

2. 胡锦光：《中国宪法问题研究》，新华出版社 1998 年版。

3. 陈新民：《中国行政法原理》，中国政法大学出版社 2002 年版。

4. 王名扬：《美国行政法》（下），中国法制出版社 1995 年版。

5. 罗豪才主编：《中国司法审查制度》，北京大学出版社 1993 年版。

6. 罗豪才主编：《现代行政法的平衡理论》，北京大学出版社 1997 年版。

7. 常凯：《劳权论：当代中国劳动关系的法律调整研究》，中国劳动社会

保障出版社 2004 年版。
8. 胡土贵主编:《法理学》,法律出版社 1999 年版。
9. (台)翁岳生:《法治国家之行政与司法》,台湾月旦出版公司 1994 年版。
10. 于安:《德国行政法》,清华大学出版社 1999 年版。
11. 李哲范:《行政诉讼司法权界限》,中国书籍出版社 2013 年版。
12. 杨伟东:《行政行为司法审查强度研究——行政审判权纵向范围分析》,中国人民大学出版社 2003 年版。
13. 杨伟东:《权力结构中的行政诉讼》,北京大学出版社 2008 年版。
14. 杨建顺:《行政规制与权利保障》,中国人民大学出版社 2007 年版。
15. 张千帆:《宪法学讲义》,北京大学出版社 2011 年版。
16. 阮荣祥、赵邑:《地方立法的理论与实践》,社会科学文献出版社 2011 年版。
17. 翁岳生六秩诞辰祝寿论文集编辑委员会编:《当代公法理论——翁岳生教授六秩诞辰祝寿论文集》,台湾月旦出版公司 1997 年版。
18. 叶必丰主编:《行政法与行政诉讼法》(第 4 版),中国人民大学出版社 2015 年版。
19. 董保华等:《社会保障的法学观》,北京大学出版社 2005 年版。
20. 程延园、杨柳:《〈劳动合同法〉对劳动力市场效率的影响研究》,中国人民大学出版社 2012 版。
21. 王利明主编:《中国民法案例与学理研究·总则篇》,法律出版社 2003 年版。
22. 杨立新:《民法判解研究与适用》,人民法院出版社 2003 年版。
23. 马俊驹:《民法案例教程》,清华大学出版社 2002 年版。
24. 甘文:《行政诉讼法司法解释之评论——理由、观点与问题》,中国法制出版社 2000 年版。
25. 杨仁寿:《法学方法论》,中国政法大学出版社 1999 年版。

26. 张文显:《二十世纪西方法哲学思潮研究》，法律出版社 2006 年版。
27. 黎建飞:《劳动与社会保障法教程》，中国人民大学出版社 2007 年版。
28. 季卫东:《法治秩序的建构》，中国政法大学出版社 1999 年版。
29. 李锡鹤:《民法哲学论稿》（第 2 版），复旦大学出版社 2009 年版。
30. 马长山:《国家、市民社会与法治》，商务印书馆 2002 年版。
31. 林嘉:《社会保障法的理念、实践与创新》，中国人民大学出版社 2002 年版。
32. 郑功成:《社会保障学——理念、制度、实践与思辨》，商务印书馆 2003 年版。
33. 复旦大学日本研究中心编:《日本社会保障制度——兼论中国社会保障制度改革》，复旦大学出版社 1996 年版。
34. 杨紫烜主编:《经济法研究》，北京大学出版社 2000 年版。
35. 史探径主编:《社会保障法研究》，法律出版社 2000 年版。
36. 刘贵祥:《合同效力研究》，人民法院出版社 2012 年版。
37. 许中缘:《民法强行性规范研究》，法律出版社 2010 年版。
38. 郑爱青:《法国劳动合同法概要》，光明日报出版社 2010 年版。
39. 尹田:《法国现代合同法：契约自由与社会公正的冲突与平衡》，法律出版社 2009 年版。
40. 王利明:《合同法研究》（第 1 卷），中国人民大学出版社 2002 年版。
41. 史尚宽:《民法总论》，中国政法大学出版社 2000 年版。
42. 李光斗:《分享经济：互联网共享主义》，机械工业出版社 2016 年版。
43. 蔡余杰、黄禄金:《共享经济：引爆新一轮颠覆性商业革命》，企业管理出版社 2015 年版。
44. 刘国华、吴博:《共享经济 2.0：个人、商业与社会的颠覆性变革》，企业管理出版社 2015 年版。
45. 马化腾等:《分享经济：供给侧改革的新经济方案》，中信出版集团

2016 年版。
46. 白建军:《法律实证研究方法》，北京大学出版社 2014 年版。
47. （台）王泽鉴:《民法总则》（修订版），中国政法大学出版社 2001 年版。
48. （台）王泽鉴:《民法概要》，中国政法大学出版社 2003 年版。
49. [日] 室井力主编:《日本现代行政法》，吴微译，中国政法大学出版社 1995 年版。
50. [日] 大桥洋一:《行政法学的结构性变革》，吕艳滨译，中国人民大学出版社 2008 年版。
51. [奥] 凯尔森:《法与国家的一般理论》，沈宗灵译，中国大百科全书出版社 1996 年版。
52. [英] 哈耶克:《法律、立法与自由》（第 2、3 卷），邓正来等译，中国大百科全书出版社 2000 年版。
53. [英] M. J. C. 维尔:《宪政与分权》，苏力译，三联书店 1997 年版。
54. [英] 罗杰·科特威尔:《法律社会学导论》，潘大松等译，华夏出版社 1989 年版。
55. [英] 凯瑟琳·巴纳德:《欧盟劳动法》，付欣译，中国法制出版社 2005 年版。
56. [德] 哈特穆特·毛雷尔:《行政法学总论》，高家伟译，法律出版社 2000 年版。
57. [德] 阿斯曼:《秩序理念下的行政法体系建构》，林明锵等译，北京大学出版社 2012 年版。
58. [德] 卡尔·拉伦茨:《法学方法论》，陈爱娥译，商务印书馆 2003 年版。
59. [美] 德沃金:《法律帝国》，李常青译，中国大百科全书出版社 1996 年版。
60. [美] 罗伯特·考特、托马斯·尤伦:《法和经济学》（第 5 版），史晋川、董雪兵译，格致出版社、上海三联书店、上海人民出版社 2010 年版。

61. ［美］罗斯科·庞德：《法律史解释》，曹玉堂、杨知译，华夏出版社 1989 年版。

62. ［美］博登海默：《法理学——法哲学及其方法》，邓正来等译，中国政法大学出版社 1999 年版。

63. ［美］史蒂文·J. 伯顿：《法律和法律推理导论》，张志铭、解兴权译，中国政法大学出版社 1998 年版。

64. ［法］孟德斯鸠：《论法的精神》，许明龙译，商务印书馆 2009 年版。

65. ［法］让-雅克·迪贝卢：《社会保障法》，蒋将元译，法律出版社 2002 年版。

66. ［美］罗斌·蔡斯：《共享经济：重构未来商业新模式》，王芮译，浙江人民出版社 2015 年版。

67. ［美］洛尔文·E. 罗斯：《共享经济：市场设计及其运用》，傅帅雄译，机械工业出版社 2015 年版。

68. ［英］亚力克斯·斯特凡尼：《共享经济模式：重新定义商业的未来》，郝娟娟等译，中国人民大学出版社 2016 年版。

三、网络资源

1. http://news. gmw. cn/2014-11/06/content_ 13773534. htm.

2. http://www. npc. gov. cn/npc/xinwen/rdlt/fzjs/2011-04/11/content_ 16509055. htm.

3. http://www. npc. gov. cn/npc/zt/2008-01/03/content_ 1388082. htm.

4. http://www. npc. gov. cn/npc/xinwen/lfgz/lfdt/2014-03/19/content_ 1856880. htm.

5. http://guancha. gmw. cn/2016-08/03/content_ 21285768. htm.

6. http://business. sohu. com/20161018/n470528812. shtml.

7. http://www. mohrss. org. cn.

四、外文文献

1. James M. Buchanan and Gordon Tullock, *The Calculus of Contest*: *Logical Foundation of Constitutional Democracy*, Ann Arbor: University of Michigan Press (1962).

2. Government of the Republic of South Africa & Ors vs. Groothboom & Ors, [2000] ICHRL72.

3. Russell L. Weaver, "The Undervalued Nonlegislative Rule", 54 *Admin. L. Rev.* (2002).

后 记

经历了一段较长时间的写作，本书终于得以付梓。从本书的篇幅和所消耗的时间来看，似乎不成比例——字数不多，耗时较长。这一方面“归功”于个人的惰性，另一方面则是因为相关政策的不断变动，导致本书在写作过程中一直在不断修改。尤其是“共享经济”的蓬勃发展使作者无法忽略其对于社会保险权利保障（包括社会保险政策供给）的需求。故而在完稿之后又增加了一个“余论”。公民的社会保险权利是其生存权的一部分，是公民的基本权利，也是司法所要保障的重要内容之一，然而其现状并不乐观，个中缘由值得仔细分析与探究。诚然，“初级阶段”与“不平衡发展”是重要的前提与理论基础，但是如果仔细分析权利保障的立法和司法机制，还是可以找到一些值得改进的地方。也就是说，在维持整体框架和承认现状的前提下，通过调整立法和司法的一些具体做法，可以提高公民社会保险权利保障的水平，也可以带动整个国家的人权保障水平。虽然这种“螺蛳壳里作道场”的作法有其局限性，不过如果能够认真组织论证和实施，也不失为一种有效的做法。

我一直认为，社会保险事业既是一个由国家和政府组织实施的事业，也是一份很有“德行”的事业，可能需要该事业的从业人员和司法人员怀着一份“情怀”参与其中。在深谙“法不容情”的同时，也应考虑“法由情出”。既要依法行政、明断是非，也应切实考虑到参保人的具体情况，特别是考虑到社会保险权利对于社会弱势群体的极端重要性以及某些历史遗留问题的特殊性，做出“合法合情”的裁断。我曾经遇到过一名退休多年的社会保险行政诉讼的原告，她起诉的缘由是在一次养老金增资过程中，由于对于四舍五入的理解不同，导致她实际增资的数额与想象的数额有一定的差距。由于后续的养老金增资是以前一次为基数的，因此她认为此次的差距会影响其后续历次增资，于是她诉意坚决。结果可以预料，屡诉屡败。可能由于其过于执拗，与几乎所有家人就诉讼问题产生矛盾，以致近乎精神崩溃，每每开庭必痛哭流涕，令人动容。而她所要主张的标的合计每月仅几十元。在此情形下，如果有关部门或法院能够考虑对方对政策理解的出发点，考虑到对方的实际情况，寻找一个渠道解决她的诉求，社会将少一个怨人，多一份和谐，也会省去诸多司法成本。事实上，每每遇到这种案件，法官一般都会询问被告是否有和解的可能，这说明法官从来都不缺“恻隐之心”。当然，这需要高超的执法与司法技巧（尤其是法解释学技巧），懂得在狭小的缝隙中开拓解决问题的空间，而在英美法体系中则主要通过衡平法加以解决。此时，“合法”与“合情”的界限可能变得模糊，但这种“模糊”应该是有价值的。

本书的付梓，一方面是我一段时期以来工作的思考与总结，也在一定程度上寄托了我对未来我国社会保险事业发展和公民社会保险权利保障进步的期望。《社会保险法》的出台虽然彰显了我国公民社会保险权利保障方面的巨大进步，但仍然有需要改善的地方。党的十八届三中全会决议中增加了有关社会保险方面的内容，十三五规划中对此也有专门的制度安排，足见党和政府对于公民社会保险权利的重视。因此，我们有足够的理由相信，我国公民的社会保险权利保障状况会进一步改善。这种改善对于绝大多数普通百姓而言，可能仅仅是每月养老金增加几十元或是医疗保险基金报销比例的增加，但是相信他们已经满足。如果能够让司法机关在审理相关案件时不仅有“恻隐之心”，也有足够的法律依据去保障当事人的权利，那整个社会的法治与和谐程度将会有更大的改观。

是为后记。

李　磊

2016 年 12 月 31 日

于上海松江思源湖畔